宋迪涛 著

民族传统

体育传承与和谐社会构建

九州出版社
JIUZHOUPRESS

**图书在版编目(CIP)数据**

民族传统体育传承与和谐社会构建/宋迪涛著. --
北京:九州出版社,2019.10
ISBN 978-7-5108-8393-4

Ⅰ.①民…　Ⅱ.①宋…　Ⅲ.①民族形式体育－研究－
广西　Ⅳ.①G852.9

中国版本图书馆 CIP 数据核字(2019)第 234711 号

**民族传统体育传承与和谐社会构建**

| | |
|---|---|
| 作　　者 | 宋迪涛　著 |
| 出版发行 | 九州出版社 |
| 地　　址 | 北京市西城区阜外大街甲 35 号(100037) |
| 发行电话 | (010)68992190/3/5/6 |
| 网　　址 | www.jiuzhoupress.com |
| 电子信箱 | jiuzhou@jiuzhoupress.com |
| 印　　刷 | 北京亚吉飞数码科技有限公司 |
| 开　　本 | 787 毫米×1092 毫米　16 开 |
| 印　　张 | 15.75 |
| 字　　数 | 204 千字 |
| 版　　次 | 2020 年 3 月第 1 版 |
| 印　　次 | 2020 年 3 月第 1 次印刷 |
| 书　　号 | ISBN 978-7-5108-8393-4 |
| 定　　价 | 64.00 元 |

# 前　言

民族传统体育是我国优秀的民族文化和体育文化,其作为社会文化的重要内容之一,在漫长的历史发展进程中,一方面受到社会发展的制约,表现出一定的文化发展局限性;另一方面又受到社会发展的有力推动,表现出民族体育文化的繁荣。同时,民族传统体育文化也作用于社会发展,对社会发展有重要的推动作用。

现阶段,我国社会稳定和谐,各民族团结友爱,民族传统体育文化有着良好的社会文化发展空间和氛围,在我国不断加强国家文化软实力,强调建立"文化自信"的社会背景下,我国民族传统体育的挖掘、整理、研究工作日益受到重视。新时期,如何更好地促进民族传统体育的传承与发展,更好地发挥民族传统体育文化对和谐社会构建的助力作用,值得深思。因此特撰写《民族传统体育传承与和谐社会构建》一书,旨在让更多的人了解我国优秀民族传统体育文化,更好地传播和传承我国体育非物质文化,进一步增加不同民族文化之间的交流与沟通,不断促进我国体育文化发展、繁荣,为社会主义和谐社会的建设增力、助力。

全书共九章,从社会文化角度出发对民族传统体育进行了系统深入的研究。前四章为民族传统体育的理论与发展体系研究,其中,第一章为民族传统体育概述,简要阐述了民族传统体育的概念、起源与发展、特点与性质、内容与分类,有助于读者对民族传统体育有一个较为全面的认知;第二章为民族传统体育与和谐社会关系研究,在解析和谐社会及其构建的基础上,就体育与社会各要素的关系、民族传统体育的社会影响与价值进行了探讨,明确了体育、民族体育与和谐社会发展与构建的密切联系;第三章重点从物质文化内涵、精神文化内涵、制度文化内涵三个方面对民族传统体育的内涵进行了研究;第四章为民族传统体育的传承研究,主要内容包括民族传统体育传承体系、民族传统体育的传承现状与困境、新时期民族传统体育的发展走向、民族传统体育的"非遗"传承。第五章至第九章为民族传统体育文化的典型性研究,以广西民族传统体育为典型,第五章简要分析了广西民族传统体育的内容与分布、功能与特点、体育节庆文化等基本情况;第六章为广西民族传统体育对和谐社会构建的促进性研究,重点分析了广西民族传统体育在社会建设、全民健身、社会安定、社会文化自信等方面的助力和促进作用;第七章对广西民族传统体育的教育传承,以及产业化、数字化、国际化、非遗传承等具体传承方式进行研究;第八章介绍了在广西大瑶山地区广泛流传的舞香龙、八仙舞、黄泥鼓舞、长鼓舞等典型民族传统体育项目;第九章对广西金秀"盘王节"促进和谐社会的构建进行了深入分析,可增进读者对瑶族"盘王节"文化、内容、和谐社会关系构建的了解。

本书突出体现了以下几个特点。

第一,科学严谨,角度新颖。本书对我国民族传统体育文化进行了系统、全面的理论研究,从体育学、文化学和社会学的角度深入解读了民族传统体育的文化内涵,明确了民族传统体育文化对我国和谐社会构建的助力作用。

第二,亮点突出,研究深入。本书第二章、第六章及第七章为本书的亮点章节,从文化发展与社会发展的角度解析了体育文化与社会发展之间的密切关系,并以广西民族传统体育文化为研究典型,研究探讨了广西民族传统体育文化对新时期我国社会主义和谐社会构建的影响与意义。

第三,以区域文化为典型,民族性强。本书在民族传统体育传承研究及民族传统体育文化与社会构建促进研究方面,突出了广西民族传统体育,对各地、各民族更好地发展与传承本地区、本民族传统体育文化,并促进地区和谐社会关系的建立、和谐社会局面的形成具有重要启发与参考作用。

　　第四,以具体项目为代表,指导性强。本书重点就广西各民族的典型民族传统体育,如舞香龙、八仙舞、长鼓舞等,以及民族传统节日"盘王节"及其文化进行了深入分析,对读者全面了解、理解这些优秀民族体育文化及节庆文化、科学参与民族传统体育活动具有重要的指导作用。

　　撰写过程中,本书吸收和借鉴了一些学者在民族传统体育方面的研究资料,同时,还得到了广西地区相关民族传统体育文化工作者的支持,在此向这些学者和文化工作者表示诚挚的谢意。由于时间和精力有限,书中难免会有不妥之处,恳请广大学者与读者批评指正。

作　者

2019 年 7 月

# 目 录

# 第一章 民族传统体育概述

民族传统体育是民族文化和国家体育文化的重要组成部分，是人类智慧的结晶，应该得到重视和传承。在我国，中华民族传统体育历史悠久、具有丰富的文化内涵，其在我国漫长的历史发展中影响了一代又一代的华夏儿女，促进了华夏儿女的体格强壮、情感沟通，并形成了中华民族的特有品格、性格、精神。当前，我国致力于建立"文化自信"，民族传统体育文化作为我国优秀文化的代表，具有重要的传承意义。本章重点就我国民族传统体育的基本理论知识进行全面阐释，以便读者更加全面与科学地了解、理解我国民族传统体育，并为民族传统体育的进一步传承与发展奠定必要的基础。

## 第一节 民族传统体育的概念

### 一、民族传统体育相关概念

#### （一）民族

"民族"一词是一个外来词汇，其源于英语"nation"，在我国古汉语中，"民"与"族"是两个不同的概念。"民族"一词最早出现在我国是在晚清时期。当时是梁启超率先在《东籍月旦》中使用"民族"一词，之后这个词语逐渐普及起来。

"民族"是一个历史范畴，是人们在历史上形成的以地缘关系为基础的共同体,民族的出现是与文明社会产生之初同步的。[①]"民族"与文化具有必然的联系,一般认为,民族是具有一定的文化、历史、语言的地区中生存的人,彼此之间有着非常亲近的民族情感。

斯大林曾对"民族"下了一个定义,指出"民族"是具有共同社会发展历史、"共同语言、共同地域、共同经济生活、共同文化特点、共同心理素质"的稳定共同体。

现代意义上的民族,是指以国度为区分类别的群体称呼。广义上的"民族"是具有共同历史发展文化的一类人群的统称。一个国家和地区可以有多个民族;民族与国家二者并不是简单的包含或者被包含的关系。

在这里需要特别说明的是,"民族"与"国族"是两个完全不同的概念,民族以相同文化为凝聚力,国族更突出凝结成族群的政治因素,典型的国族,如巴西民族、美利坚民族,中华民族等。

我国是一个多民族国家,共包括 56 个民族,即汉族和 55 个少数民族。56 个民族也共同构成了中华民族大家庭。

## (二)体 育

"体育"一词最早出现在 19 世纪 70 年代的日本,当时各国在开展体育活动过程中对体育有不同的称呼,如"身体(之)教育""体教""身教"等。

当前,体育对大众而言是一个非常普遍的概念,但大众理解的体育实际上是一种狭义的体育,学术界对"体育"的探讨主要集中在以下几个方面。

(1)体育是一种身体教育,旨在强身健体。

(2)体育是一种身体运动,包括竞技体育和大众体育,二者的目的不同。

---

① 黄益苏,张东宇,蔡开明.传统体育运动[M].北京:高等教育出版社,2007.

（3）体育是一种社会文化。在社会多元文化体系中,体育是一种具有积极社会意义的社会文化,可震撼心灵、给人精神享受,体育文化渗透到社会大众生活的方方面面,包括经济生产、文化教育、科技等。

（4）体育是一种人体科学组成部分,个体参与一定的体育活动,可引发人体的形态、结构、机能发生变化,因此,体育研究在揭示人体奥秘、挖掘人体潜能上具有重要的学术研究意义。

### （三）民族体育

在民族历史发展进程中,逐渐诞生了很多形式各异、体现民族特色的运动,这些运动几经变化并传承下来,最终形成了不同于其他民族的民族文化特色。

民族体育是"民族"与"体育"的有机结合,但民族体育的概念范畴不仅仅是二者的简单结合。

（1）民族体育是一个民族发展过程中所创造出来的一种身体文化。

（2）民族体育是体育体系中的一个类别的运动项目及文化。

### （四）传统体育

传统体育是相较于现代体育而言的一种体育形式。

在我国,传统体育多指我国本土的、具有悠久历史的体育,与近现代所引进的西方竞技体育相对应。

我国传统体育主要是指以武术为代表的健身、养生、保健体育运动。需要特别指出的是,传统体育中的武术与民间中国武术不同,2009 年,国家体育总局重新定义"传统体育",指出武术是以中华文化为理论基础、以技击方法为基本内容,以套路、格斗、功法为主要运动形式的传统体育。[①]

---

① 武术定义和礼仪研讨会召开 突破体育项目局限性[P].中国武协官网.2009-7-9.

## 二、民族传统体育

### (一)民族传统体育概念界定

所谓民族传统体育,是指富有民族文化特色的体育活动,是民族地区社会历史发展过程中一个民族或多个民族内流传或继承的传统体育活动的总称。

作为一种民族文化的综合形态,民族传统体育与周围环境的其他文化体系关系密切,是一种与外界自由地进行物质和信息交换的文化开放系统,是向全世界人们展示民族体育文化,并促进世界各个地区的民族体育文化相互交流、相互借鉴。[①]

本书所说的民族传统体育,特指我国各民族具备强身、健体、娱乐、习武、祛病的传统体育运动。

我国民族众多,各个民族在漫长的生产与生活实践中逐步形成了各具风格与特色的民族传统体育文化,这对于推动中华民族传统体育文化的发展具有重要的作用。

我国丰富的民族传统体育文化涵盖休闲娱乐和强身健体等很多个文化领域,是我国传统文化历经数千年文明发展的结果,也是整个人类社会的宝贵文化财富。

### (二)民族传统体育概念的文化范畴

中华民族传统体育文化是蕴含着多种民族文化内涵和外延的传统体育文化,对于促进我国社会的发展和促进整个人类社会的发展具有重要的意义。

纵观世界各项体育运动,可划分为以下两个体育文化体系。

西方体育运动文化体系——孕育于西方国家民族地区的田径等运动项目,发展于古罗马、古希腊等。

---

① 崔乐泉.中国少数民族传统体育[M].贵阳:贵州民族出版社,2011.

东方体育运动文化体系——只有东方等国家和地区民族特有的民族传统体育运动文化体系,如中国武术、日本相扑、韩国跆拳道等。

我国民族传统体育从概念文化范围上来说,属于东方体育运动文化体系,具体细分,包括以下三个文化层面。

(1)本民族固定拥有的民族文化。

(2)在民族文化传承和发展的基础上,形成的体育运动理论、内容、形式。

(3)民族传统体育属于民族文化领域范畴内的体育现象。

# 第二节　民族传统体育的起源与发展

## 一、民族传统体育的起源

关于民族传统体育的起源有很多种说法,不同学者从不同的角度对民族传统体育的产生进行了研究,这些不同学术观点为确定民族传统体育的起源奠定了理论基础。

### (一)劳动起源

很多体育运动的起源都可以追溯到早期人类的生产劳动上,民族传统体育的起源也不例外。

### 1. 生产劳动方式、工具的体育项目演化

早期人类社会,生产力低下,人们生活在原始自然环境中,从原始自然中寻找生存资料以满足自身的生存与发展。为了生存下去,原始人类开始学习并学会农耕,在农耕和狩猎活动中逐渐学会了运用各种器具。旧石器时代,人类通过打鱼、狩猎小动物及采摘野果来维持生计。在这些活动中,原始人类学习用棒投

石,掌握了很多生活技巧,同时也提高了智力,变得更加勇敢。人们为了抵御猛兽的攻击,逐渐学会和还要了掌握各种器械的使用方法。后来人们所使用的弓矢、石球等狩猎工具,都成为体育运动项目的雏形。

追溯到先秦时期,我国大部分地区或以狩猎或以农业谋生,远古人们为拓宽宜居环境的范围,寻找维持正常生活的生产生存资源。在和大自然(自然生存环境、自然灾害、野兽等自然因素)较量的过程中逐渐产生了某些生产方式和生活方式,这些方式方法通过身体活动来实施,并最终演变为体育活动。

随着人们制作工具和发明工具能力的不断提高,更多的生产生活工具被发明创造出来,20世纪70年代,山西、湖北、四川等地相继出土了多个石球和陶烧圆球,有专家研究表示,这些石球是早期人类用于投掷击打动物或儿童进行投掷练习所用的石球,有体育学专家分析指出,在人类发明弓箭后,狩猎活动有了更先进的工具,而石球就从狩猎工具转变为游戏用具,原始的投掷活动最终发展为体育投掷运动项目。

在人类历史上,弓箭的发明意义重大,弓最早用于发射弹丸,弓箭的出现标志着原始人类在生活上出现巨变。弓箭被发明之后,成为人们生产、生活的重要工具,在狩猎、抵御猛兽袭击、与外族作战等活动中,弓箭发挥着不可替代的作用。弓箭的不断发展以及人们运用得愈发熟练,促使人们的防卫能力有了进一步的提升,人们已不再惧怕野兽的侵袭,在这样的情况下,人们的活动范围越来越大。人们在基本生存需求得到保障后,射箭就和上文提到的石球一样,从狩猎工具摇身一变,成为一项游戏活动,之后,射箭游戏演变发展成为射箭项目。

纵观早期人类生存发展史,在生活环境恶劣、生活资料有限的条件下,人们探索并发明了农耕社会文化与牧猎社会文化,要想满足生存需求以及生产劳动需求,强健身体和较高身体素质是必不可少的,只有具备较高的农耕技能或射箭技能、跑步技能等,才能更加高效地完成农耕、采集野果、狩猎,才能战胜大自然、获得基本的生活资料。可以说,生产劳动技能的产生与发展是早期人类生存发展的必然要求,而这些技能在人们的基本生活生存得到满足之后被继续学习、传承下来,并不断融入更加丰富的社会文化内涵。

2. 不同民族生产劳动中的体育项目萌生

我国幅员辽阔,民族众多,各民族人民所居住的地方的自然地理条件差异巨大,所以不同民族在生产生活上具有各自的特点。而各民族创造出的独特生活方式及生活技能源自其独有的生产方式。就民族传统体育的起源来讲,和原始人类的生存活动存有密不可分的关联。

这里重点介绍以下几个民族传统体育项目。

打布鲁——打布鲁源自蒙古族人们的原始狩猎活动,蒙古族同胞将布鲁作为狩猎工具和防身武器。长此以往,打布鲁的蒙古族猎手们经常在一起看谁打得准、投得远,在互相较量下提高了投掷技艺,并在整个蒙古族形成一种民族文化形式,并逐渐发展演变成为一项独立的民族体育运动项目。

秋千——秋千是朝鲜族妇女代表性的民族体育运动项目,朝鲜族妇女大都非常喜欢、而且擅长秋千运动,这项运动在起源上和原始人类采摘果实联系密切。

珍珠球——满族的代表性民族传统体育运动是珍珠球,这项活动源自满族同胞日常的"采珍珠"活动,之后从生产技能,发展到日常娱乐活动,最终发展成为一项竞技性民族传统体育运动项目。

射箭、叉草球——赫哲族先民以捕鱼为生,以狗拉雪橇为交通工具,这种具有地域性和民族特色的渔猎风格的生产劳动,成为打爬犁、叉草球、射箭、快马子赛等诸多民族传统体育项目产生的重要土壤。

飞石索——彝族群众中盛行一种被称作"人尔"(飞石索)的掷石运动,类似于"皮风子","皮风"是彝族群众重要的狩猎工具和放牧工具。该民族传统体育项目的产生,源于彝族人民群众的牧区生产生活,在牧区,很多人都身怀掷石子的绝技,在余暇时间用这种体育游戏和活动来打发时间、锻炼身体、练习技能。

投绣球——壮族人民都非常喜爱投绣球活动。据有关资料记载,投绣球有着悠久的历史,早在两千多年前的花山壁画中就能寻觅到投绣球的踪影,那时的绣球由青铜铸制,是一种重要的生产用具和作战兵器,而非游戏用具,至宋代,抛绣球发展成为壮族人民喜闻乐见的一项体育活动。

除了上述民族体育项目,我国还有很多具有显著民族特色的民族传统体育运动,这些丰富多彩的民族传统体育运动与当地民族的生产生活条件、环境等有着非常密切的关系,大漠中的骆驼赛跑、江南的龙舟竞渡等都客观反映了农耕民族文化、山地民族文化、游牧民族文化特点,不同的民族在不同的特殊地域条件下生产工具和生活方式都在各族人民的民族传统体育中留下了深深的文化印记。

综上所述,民族传统体育活动起源于人们的生产劳动,早在原始社会时期,部落氏族中已经具有了民族传统体育文化,在漫长的民族发展历史中,各族人们的丰富多彩的身体活动不仅是民族传统体育运动的基本形式,也是生活生产技能的基础,这些源于早期各民族生产生活的各种身体活动、身体技能,就是民族传统体育产生的雏形。

### (二)祭祀起源

人类的认知是随着时间的推移慢慢增多、深入的,人类发展的过程也正是人类不断探索未知、创造社会文明的过程。

原始社会时期,人类认知有限,对大自然充满了敬畏和恐惧,当自然界出现一些光怪陆离的现象时,先民们不能用合理的科学知识去解释大自然的一些现象,因此他们认为自然万物是有灵魂的,认为大自然的一切都是由神灵来控制的,人们要想获得充足的生产生活资料应该祈求"苍天庇佑",因此就产生了"万物有灵"

的观念和神灵崇拜的思想。

　　原始人类崇拜自然的思想，因此为了表达自己对大自然的敬意，让自然的"神灵"们看到自己的诚意，就逐渐出现多种娱神敬天活动。

　　经过考古发现，在原始社会时期，许多部落氏族都有自己的图腾，作为保护部落氏族生存发展、获得农业、渔猎丰收以及在战事中获胜的精神力量。原始社会的各种图腾祭拜、神灵祭祀、宗教祈福活动，成为早期人类的一种非常重要的生活仪式，备受重视，并通过各种有节奏、有规律的身体祭祀活动与形式表现出来。这些早期祭祀行为在之后人类认知不断提高之后，逐渐脱离宗教迷信色彩，演变为日常娱乐健身活动，并最终发展成为民族体育运动。

　　原始祭祀活动，内容丰富，形式多样，一般表现为对鬼怪神灵、飞禽走兽进行模仿的舞蹈，用这种特殊的被赋予了某种意义的舞蹈，实现祈求丰收、消灾、获得健康的愿望。这些身体活动为我国舞蹈、体育舞蹈、民俗体育的产生奠定了基础。

　　这里重点分析以下几种从早期人类祭祀活动中发展而来的民族传统体育项目。

　　稳凳——稳凳是浙江畲族民间传统竞技类体育项目，它的产生与早期畲族的生产生活中先民的神灵、图腾崇拜等宗教祭祀行为有着直接联系。

　　百兽舞——百兽舞是我国古代舞蹈的代表，这种舞蹈最初的用途是迎神赛会、祭祀和庙会祭拜，后发展成为民间民族体育活动。

　　舞龙——龙是中华民族的重要图腾，在早期人们完全依靠农耕生产为主要生产资料获取形式的社会生活中，农业生产基本依靠"天收"，农业收成受自然天气与气候的影响非常大，同时，加上原始人类对自然现象与规律认知有限，他们认为龙是众神的化身，它能上天入地，行云布雨。当遭遇到恶劣天气和气候，尤其是天气持续高温而造成旱灾时，庄稼干枯，没有收成，人们就没有粮食,无法生存,因此便萌生向龙祈求降雨的愿望,早在殷商时期,甲骨文中已有记载祭龙求雨的文字,"其乍龙于凡田"。到了西汉,董仲舒在《春秋繁露》中详细地记录了舞龙求雨的过程。祭祀活动中,人们在地上舞龙,认为这种方法可以令天上的龙感应到,并降下甘霖。之后,随着人类文明的不断发展,舞龙活动逐渐脱离了宗教祭祀,进而发展成为一项民族传统体育运动。

拔河——拔河运动也源于早期人类的祭祀活动,《荆楚岁时记》中记录了在寒食节举行拔河活动的盛大场面。古代的先民认为拔河是感应农作物,可以表现庄稼苗壮成长,活动的进行能预示农业的丰收。

拉鼓——拉鼓是一种与拔河相类似的活动,其活动形式、祭祀意义、规则等都与拔河非常相似,中间设有两道"河界","河界"的中间放鼓,两队拉鼓,率先拉过河界的一方为胜者。

龙舟竞渡——龙舟竞渡是我国南方地区端午节前后经常举办的民族传统体育运动,在我国南方地区,人们依水而生,渔舟是最常用的捕捞工具、交通工具,同时龙舟竞渡还与祭祀屈原,请求神灵庇佑百姓安康有密切的关系。

早期人类祭祀活动是人类社会文明产生的重要起源,这些丰富的宗教祭祀活动不仅表现了先民对美好生活的向往,也表现出先民的身体活动的创造智慧,为我国丰富多彩的民族传统体育的诞生奠定了文化土壤。

### (三)战争起源

古人所处时代,生产生活资料有限,为了获得供个人、本族、部落生存的资料,个人之间、各部落群体之间必然会起冲突。

个人之间的争斗,促进了人与人的对抗技能的快速发展,为了不断增强个体的身体素质与运动技能,个体就会不断加强自身的技能技巧练习并积极钻研使用各种工具,因此,促进了早期的体育运动技能、技巧的雏形的产生,并在之后发展成为对抗性体育运动和表现类体育运动,如投掷、那达慕、射箭、击剑、骑马等。

部落群体之间的战争,在阶级社会产生之后在各个朝代均不断出现,随着人口的持续增加,逐渐形成了不同的部落与胞族。为了提高生存质量,获取更多的利益,争夺领土和地盘,部落之间便逐渐爆发出激烈的矛盾与冲突,早期社会,一旦发生部族战争,无论男女老少,全民皆兵,利用土木、石器、金属器等开展肉搏战、车马战。在原始社会,木棒和木矛是人们最初常用的武器,《管子·地数篇》曰:"葛庐之山,发而出水,金从中出,蚩尤受而制之,以为剑铠矛戟,是岁相兼者诸侯九。"《路史·后纪四》注引《世本》言蚩尤"作五兵:戈、矛、戟、酋矛、夷矛。"这些武器都有很强的破坏力,在河姆渡遗址中被大量发掘。随着社会生产规模的扩大,在畜牧业、农业等领域出现大分工的现象,从农业中分离出手工业。在这种情况下,人类社会进入到部落联盟和私有制阶级,社会局部矛盾的激化,战争规模不断扩大,战争更加频繁,战争的日益频繁和激烈,推动兵器的质量与威力不断提升。刀、棍、矛、棒等兵器在制作技术上的优化,促进了我国传统武术的发展。商周时期,兵器的种类更加丰富且质量上有了明显的提高,这些兵器在很多情况下运用在武舞上,成为重要的舞具,这对武舞的普及与发展是非常有利的。兵器在武舞中的广泛应用使得武术技击和舞蹈开始结合,刀主要用于战争,剑的作用较弱从战场上逐渐退下成为民间习武健身的重要工具,刀舞、剑舞以及各种器械套路练习开始出现并迅速发展。

**(四)教育起源**

从战争产生与发展角度来看,人类不断与自然、与自身的对抗能力的增强是自我持续教育的结果。

无论是个人争斗还是部族战争,其产生矛盾冲突的主要原因就是想要占有更多的生产生活资料,为了使个人和后代在各种大小斗争中能获得生存机会,并持续不断生存发展下去,先民在生产、生活实践中总结经验,将这些能力当成子孙适应社会环境的生存竞争能力,先人们都会有意识地将各种器具用法、用途以及各种搏斗方法、技巧传授给下一代,传授给子孙后代,经历时代传授,最终使早期体育文化活动的内容不断普及推广。这种言传身教的早期技能教育,促进了体育运动内容与形式的传承,也确保了人类文明的持续传承。

因此,早期的战争与教育,使得不同文化、不同血缘的部落在持续碰撞中交流,融合,同时,促进了一些身体活动内容、方法与技巧能在人类的生存发展历程中被不断丰富、传承下来,也促进了各种民族传统体育的形成与持续的传播与发展,最后发展成为丰富多彩的民族传统体育文化体系。

### (五)健体起源

古人生活环境差,经常会面临自然灾害和各种疾病的侵害,为了增强体质、减少疾病,会有意识地进行各种身体练习,以增强体质。乐舞、角力等活动都是早期人类通过身体活动以抵抗疾病而产生的体育运动。

《黄帝内经·素问》中记载:"中央者,其地平以湿……其民食杂而不劳,故其病多痿厥寒热,其治宜导引按跷,故导引按跷亦从中央出也。"《吕氏春秋》中也提到了"民气郁阏而滞者,筋骨瑟缩不达,故作为舞以宣导之。"

因为自然原始的生存环境与条件,古人非常容易生病,遭受各种伤病侵害,古代人"内多郁闷、外多足疾",因此在日常生活中总结出舞蹈、屈伸俯仰等动作,通过这些动作的练习来活跃身体气血、增进精神、提高抵抗力,以达到强身健体的目的。

早期人类对身体活动的探索,是各民族积极探索如何结合本地区生活状态下的人更好地生存发展的智慧表现,直接促进了各民族传统体育的产生。

### (六)养生起源

古人热衷于养生,追求"长生不老",我国很多导引养生术就是在古人探索长生不老方法的过程中产生的。

　　在我国整个封建社会,养生都是人们非常关注的生存问题。战国时期,社会生产力提高,养生方法和思想更加活跃与丰富,逐渐发展为导引行气、房中、服食这三大流派。庄子是最早提出"养生"的思想家,其在《庄子·刻意》中所说的"熊经鸟申"即为现代导引术。先秦时代,我国各种导引术内容丰富、种类多样,这一时期的各类导引术姿势简单,动作难度不大,通常都是对单个动作(多观大自然界动物的动作)进行模仿。后来导引术的动作不断得到丰富。到了汉代,我国导引有了质的飞跃,相传,东汉末年名医华佗发明五禽戏。到了魏晋南北朝时期,社会各阶层更加注重道教,希望长生不老,羽化成仙,这极大地推动了导引养生术的系统、快速发展。隋唐时期,道教、佛教盛行,医学技术水平不断提高,导引术在理论和实践方面都呈现出繁荣发展的形势。北宋至明清时期,导引中的健身功法被完整地继承下来,其中的经典包括二十四式坐功、八段锦、易筋经、十二段锦、延年九转法等。上至帝王将相,下至普通百姓,都积极地采取各项手段与举措以达到养生目的。

　　我国民族传统体育内容丰富、种类多样,并且各种文化形态与现象相互之间也有着非常密切的关系,可以说,我国民族传统体育是劳动、祭祀、战争、教育等综合发展的结果。

## 二、民族传统体育的发展

### (一)古代民族传统体育的发展

#### 1.先秦时期

　　夏、商、周、春秋战国两千多年的发展,我国处于相对比较稳定的一个发展时期,这一时期是我国民族传统体育的形成时期。

　　夏商周时期,我国阶级社会文明产生、成熟,基于与自然的对抗,各部族间的对抗,各种体育战术技能发展迅速。以射箭为例,早期奴隶社会,射箭是军队训练的一个重要项目内容,各部落都非常重视对射箭技能的训练和传授,具有高超射箭技能的人常常在战争中受到重用。据相关资料考证,夏时的后羿大部分人都擅长射箭,射箭技能成为每个人,包括女子都必须掌握的重要技能。西周时期,射箭被赋予了特殊的地位,射箭是统治阶级及奴隶主贵族非常重要的教育内容之一,射箭不仅要讲究技巧方法,还要敬德遵礼。

先秦时期的我国北方,少数民族多以畜牧业为主,射箭是猎取食物、防御野兽侵害的工具,也是非常重要的战争武器。我国北方少数民族的射箭技术精湛,弓箭制造精良,是当地的一种重要的民族体育活动内容。

春秋战国时期,经济发展处于一个相对繁荣的阶段,社会生产达到较高水平,从而触发了先秦诸子百家争鸣的盛景。人们的思想空前活跃,文化繁荣,道家哲学思想否定"天命",提出"天人合一",成为中国古代体育思想,如养生思想、武术思想的重要根源,多元、汉民族文化与少数民族文化密切结合,据《战国策·赵策二》记载:"今吾(赵武灵王)将胡服骑射以教百姓。",举重、秋千、风筝等各民族体育活动也流传广泛。丰富的民族体育活动有较为广阔的文化发展空间。

## 2.秦、汉、三国时期

秦、汉、三国时期是我国民族传统体育发展的一个兴盛时期。秦始皇统一六国后,结束了诸侯争霸的局面,全国范围内,以中原农耕文化为主流文化,同时向占领的土地大量移民,在全国范围内形成统一的文化。秦统治时期,中原的农耕文明发展迅速,并在其他民族居住地区得到了很大的推广,汉民族文化外传并积极影响了少数民族体育文化。

汉王朝建立之后,统治者继续推行统一政策。在此时,北方兴起了实力强劲的少数民族政权匈奴。匈奴与汉朝经常发生矛盾与冲突,在冲突过后又开始相互接触,在不断地碰撞、交锋与融合的过程中,使我国逐渐成为多民族的国家。各民族的社会经济和文化都有了长足的发展,不同民族之间的文化进一步交流、共同繁荣。

### 3.两晋、南北朝时期

西晋末年,发生了"永嘉之乱",南北方进行激烈的民族冲突,北方地区的匈奴、鲜卑等少数民族蠢蠢欲动,不停地向中原王朝的边境地区进攻以扩大自己的领土,被蚕食领土的原住民被迫向南躲避战乱,又促使南方发生民族变迁。

"永嘉之乱"之后,"分久必合",天下安定,各民族之间虽然有矛盾和冲突,在从某种意义上来说也是一种被动地融合。很多少数民族也开始认同中原地区的汉族传统节日,东晋时期,中原的传统节日活动三月三在河边举行祭祀仪式,以祈求远离灾害和疾病,"上巳"日"祓除不祥",逐渐与游春相结合,成为民族民俗节日娱乐活动。同时,游牧民族攻入中原后,也将骑马射箭等游牧文化带到中原地区传播发展。各地区民族文化的流动,丰富了民族传统体育内容体系,加速了不同民族间民族传统体育的传播,民族体育文化打破了地域性发展局限。

### 4.隋唐时期

隋唐时期,是我国历史上的繁荣发展时期,社会安定,经济文化繁荣,尤其是在盛唐时期,国家内部安定,同时还积极接纳外来文化,与外邦建立了睦邻友好的关系,因此国家强盛兴旺,百姓安居乐业,文化繁荣。

民族传统体育娱乐化发展并日益丰富,隋唐时期,很多民族传统体育都摆脱战争的军事训练色彩,最终脱离战争成为一种体育文化活动,民族传统体育的自卫、健身、娱乐、表演等多种功能得到进一步开发,唐朝建立武举制,鼓励民间习武,各种体育活动兴起并迅速传播开来,并与民族风俗、节日节令紧密结合成为百姓喜闻乐见的体育健身娱乐活动。如重阳登高、元宵节舞龙舞狮、端午龙舟竞渡、"寒食"蹴鞠等。

在民族体育融合方面,我国少数民族中,女性的地位比中原女子在社会家庭中的地位要高很多,少数民族尊重女性的社会风气严重地冲击了汉族地区"男尊女卑"的陋习,女子体育运动发展迅速,并呈现出繁荣的景象,这一时期,女子经常从事的民族传统体育活动有蹴鞠、射箭、打步球等。

在民族体育外传方面,隋唐时期,国力昌盛,影响力广泛,长安更是发展成为一座国际大都市,据史料记载,这一时期,曾有来自世界 40 多个国家的使臣都来此觐见唐朝统治者,蹴鞠、投壶、击鞠、步打球、围棋等传入日本,围棋、蹴鞠等传入朝鲜。

### 5. 宋元明清时期

宋元明清时期,尽管在不同的统治者在位期间,大、小规模的战争也时有发生,但整体来看,政治稳定、经济繁荣,为民族传统体育文化的发展奠定了良好的社会环境基础。

宋朝时期,表演武艺的兴盛使得套子武艺开始大量出现。诸军春教时"禁中教场,呈试武艺,飞刀砍柳,走马舞刀,百艺俱呈"。

辽、金、元朝,统治者为游猎民族,如契丹族、女真族和蒙古族等都以畜牧狩猎为生,离不开骑射,这些少数民族统治时期,促进了骑术、弓箭术、角抵(摔跤)的发展与提高。

清朝统治时期,统治者大力推崇本民族(满族)传统体育文化和活动,如骑马、射箭、角力、冰嬉等民族传统体育运动得到了进一步的发展。

### (二)近代民族传统体育的发展

西方近代体育传入中国之后,冲击着中国传统文化。我国新、旧思潮交锋,民族传统体育受到了强烈的文化冲击。

### 1. 汉族传统体育

近代,西方竞技体育传入我国,我国有识之士在体育强国救国方面进行了深入的思考,近代中国在政治、经济、文化上都陷入艰难境地,面对传入到中国的西方体育文化有不少人持反对之声。

1915 年,体育界的一些有志之士对民族传统体育文化的发展进行反思,主张从实际出发,对民族传统体育文化进行再认识与再评价。找出其适应时代发展特点,打造一种"适宜运动"。这就是我国体育运动的"土洋之争"。

洋务运动中,洋务派和改革派积极改革寻求救国之路,他们认为,西方不仅军事实力强大,工业水平高,还重视体育发展和民众健康,于是开始大力提倡在当时已经丧失的习武传统,以强国强民。武术一度成为强国强种的重要体育运动项目,各地武术学练热潮高涨。

20 世纪 20 年代,很多有志之士对民族传统体育的活动形式进行归纳和总结。在对民族传统体育文化的再认识中,研究者们不再单纯从军事、娱乐、祭祀等意义上来分析民族传统体育文化,民族传统体育被更多地以民族体育文化被对待。

为了进一步普及、弘扬民族体育文化,很多体育学者、体育爱好者积极整理民族体育,并建立体育组织,精武体育会等组织以全新的体育组织形式代替了之前武官等传统封建社会的组织形式,使民族传统体育运动更加普及。这一时期,一些专门针对民族传统体育的研究专著开始出现,马良等学者结合西方体育形式,对民族传统体育进行改造。王怀琪在《正反游戏法》中重点研究了一些体育游戏,推动了民族体育游戏的发展。这一时期,滑冰、空竹、跳绳、风筝等民族体育运动都得到了进一步的整理、研究、传播。

经过各方面努力,在中西方体育文化猛烈撞击过程中,尽管受到西方体育思想的冲击,但是,民族传统体育并没有消失,而是在新的体育思潮下不断完善和发展。

2. 少数民族传统体育

整体来看,少数民族传统体育在本民族生活区域内依然保留着良好的传统,但很少向外传播,很多民族传统体育项目还因为灾害、战争等逐渐失传。

具体来说,我国少数民族地区的民族传统体育代表性项目发展保持了良好的态势,很多民族传统体育项目都能在各少数民族的保护下继续生存、发展。

我国少数民族地区,民族传统体育项目丰富,各少数民族具有独特的地域特征,在少数民族间流传广泛,许多更是成为少数民族重要的节庆体育活动内容如哈萨克族的"姑娘追",蒙古族的摔跤、骑马,藏族的碧秀(响箭),朝鲜族的跳板等。这些运动是少数民族群众进行锻炼健身的主要手段。

### (三)现代民族传统体育的发展

中华人民共和国成立后,我国非常重视民族文化发展,多次开展大规模的民族传统体育的挖掘、整理活动。

1949年,我国正式启动文化保护与研究工作,整理和发掘民族传统体育。

在新中国成立初期,一些对抗性强的民族体育运动逐渐向竞技化过渡。1953年,成立了中国摔跤协会;1957年,《中国式摔跤竞赛规则》出台,标志着摔跤运动正式完成了竞技化改造。

1953年,我国举办第一届全国少数民族传统体育运动大会,这标志着民族传统体育迎来了崭新的篇章。这届运动会确定了少数民族体育的发展方向,增强了民族团结,促进了我国各民族之间的体育文化交流。

党的十一届三中全会之后,经济建设成为国家发展重点,体育工作重心转移,在发展经济的基础上,各少数民族地区经济发展迅速,有了进一步研究传统体育的条件,这为民族传统体育的发展打下坚实的经济基础。

改革开放后,以武术为代表,为进一步保护和传承我国民族文化,国家体委武术研究院成立,1979年开始,我国民族传统体育的挖掘、整理工作重新启动并有序开展。1982年,《中国武术拳械录》一书出版,收入了先后发掘 129 个拳种。

自 1982 年起,我国规定每四年举办一届少数民族传统体育运动大会,这标志着民族传统体育经数年来的蛰伏后,进入了稳定、持续发展的历史时期。

20 世纪 90 年代以后,我国民族传统体育发展迅速。1990年,第 11 届亚运会上,武术被列为正式比赛项目。1991 年,内蒙古举办首届"国际那达慕大会"。1998 年,教育部重新设置民族传统体育专业。

21 世纪以来,为使武术进入奥运会,我国在实现和促进民族传统体育运动发展方面做了很多工作。2003 年,我国重新修订了《武术(套路)竞赛规则》,武术的竞技化程度进一步提高。全国少数民族传统体育运动会持续开展,规模和影响力不断扩大,此外,我国优秀的民族传统体育项目,如毽球、龙舟、风筝、围棋等项目逐渐走出国门、走向世界。

# 第三节　民族传统体育的特点与性质

## 一、民族性

民族性是民族传统体育的最基本的特点。

从人类文明诞生以来,不同的人类文明诞生地具有不同的自然地理特点,在此基础上诞生了不同个性的民族文化。在人类历史发展过程中,在不同民族社会文化的塑造下,人类逐渐形成了文化特征有所区别的群体,民族得以诞生。

不同地区的民族文化不同,所产生的民族体育文化各具特点。我国民族众多,不同民族所依赖生存的地理环境、地域特色不同,也就产生了不同内容与形式的民族体育,这些民族体育都具有民族性格、民族精神的深刻烙印。我国的民族传统体育内容丰富,形式多样,几乎每个民族都有各自独特风格和浓郁民族色彩的传统体育项目,带有强烈的民族文化气息和内涵,不同的民族体育更是成为各民族文化的代表和民族的骄傲,如藏族的赛牦牛、纳西族的东巴跳、蒙古族的那达慕、朝鲜族的秋千等。即使是同一体育项目,也各有其民族特点。如蒙古族式摔跤"搏克"、维吾尔族式摔跤"且里西"、彝族式摔跤"格"、藏族式摔跤"北嘎"等,虽然都是民族式摔跤,但活动方式和规则都各不相同。

在世界范围内,我国的民族体育与世界其他地区的民族的体育在内容、形式、特点等方面更是表现出极大的不同。在不同的生存、生活、生产方式下,各民族形成了不同的价值观和世界观,各民族文化特色目标慢慢达成。不同民族体育的民族性特征是由民族地理生存环境的不同所决定的,也是由各民族文化的不同所决定的。

## 二、传统性

传统属于一种观念形态上的文化,始终处于一种不断产生和淘汰的过程之中。因此可以这样认为,历史上出现过的文化不全是传统文化,只有那些价值重要、有活力并在长期时间内沉淀、传承的文化才是传统文化。

我国具有悠久的历史,各民族的民族传统体育文化都是历经多年的发展变化而沉淀下来的优秀文化,体现出重要的传统性特点。

## 三、地域性

不同民族生产生活方式、民族心理、民族性格的民族文化表现出极大的地域差异,这就是民族文化的地域性特点。民族传统体育也具有鲜明的地域性特点。

我国地域辽阔,不同的民族分布在不同的地域,在古代经济、交通、信息落后的时代,相对封闭的环境下,各民族在风俗习惯、心理特征、社会进程等方面也存在着很大差异,形成了不同的民族文化,并在此基础上产生了不同的民族体育文化。

就民族体育运动风格来讲,西北高原、东北平原地区,民风多粗犷豪放;南方气候温和,山清水秀,民风多细腻委婉,因此,北方尚力、南方尚巧。

就民族体育运动精神来说,北方地区天高地阔,人民生产工具简单,民风质朴,勇猛果敢,形成勇武精神,赛马和摔跤等需要广阔空间的运动项目较多。南方地区河川纵横,依山取材、依水而居,生产劳作崇尚精细,游泳和赛龙舟等水上项目生命力旺盛。

## 四、人文性

人文是人类社会当中存在的文化现象的统称,体育运动文化的人文性表现在多个方面。

从民族文化的角度来说,一个民族的文化必然有其民族文化的特点,同一个民族的民俗活动、节日活动、体育活动,都必然表现出该民族文化的性格与特征。

从多民族的集合来说,我国多民族都是中华民族大家庭的重要成员,各民族在政治、文化、生产生活方式等方面逐渐形成了割舍不断的血缘关系,我国民族传统体育文化积淀了厚重的人文精神,表达了人类对健康美的追求。具体来说,与西方竞技体育的身体美的强调,我国的体育美表现比较含蓄,并在"修身养性""内外兼修"等方面得到了明显的体现,带有深刻的人文性。

## 五、象征性

文化具有象征性,世界上,每个国家、地区、民族都有其具有代表性的、具有自身特征的传统体育项目,如中国的武术、日本的柔道、美国的篮球、巴西的足球等,这些传统体育内容,在一定程度上代表着这个国家、地区或民族,是一种文化象征。

我国多民族中各民族文化不同,尤其是少数民族传统体育文化中,一些被保留下来的文化活动仪式、名称,都是民族传统体育文化的具体体现,象征着该民族所特有的民族精神、民族文化内涵。

## 六、多元性

我国民族传统体育文化具有多元性,具体表现在它尊重不同地区、民族的不同文化。我国是一个多民族的国家,不同民族的体育文化形式也有着很大的差异,这正是体育文化多元性的表现。

我国民族传统体育具有多样性,这一点不难理解。民族传统体育是由各民族共同创造的,在中国56个民族大家庭中,由于民族之间传统的差异,从而形成不同民族的文化类型和特点,创造了具有多元性质的总的中华民族体育文化。

中华民族56个民族成员,每一个民族的人民都生活在一定的文化氛围中,又区别于其他民族的宗教、信仰、礼仪、习俗、制度、规范、文化心理等,从而使得我国民族传统体育文化多种多样,异彩纷呈。我国丰富多彩的民族传统体育项目,分布之广,项目之多,世界罕有。

## 七、适应性

民族传统体育有着广泛的适应性,可以满足不同年龄、不同性别、不同层次、不同人群的需要。民族传统体育内容丰富、形式多样,其动作结构、技术要求、运动风格和运动量也各具差异,个人可根据需要从中选择适合于自己的项目进行健身。

我国民族传统体育内容丰富,不同年龄阶段的人都能找到其喜欢和适合的民族体育运动项目。如适合好奇心强、喜爱新鲜事物、身心发展不健全的少年儿童的项目有踢毽子、跳皮筋、抽陀螺等;适合年富力强、思维成熟、敢于冒险与探索的青少年和中年人的项目有珍珠球、赛马、角力等竞技化民族传统体育项目;适合老年人修身养性、提高身体免疫力、延年益寿的项目有太极拳、气功等。

在运动时间与场地方面,不同人的体育运动时间与场地选择不同,可从事的民族传统体育项目不同,而丰富多彩的民族传统体育项目中很多项目对时间、场地并无特殊要求,不受时间、季节的限制,有的项目在场地、器材上可因地制宜,就地取材,还有的项目可徒手或持器械进行,为人们参与民族传统体育运动提供了便利条件。

此外,不同民族传统体育爱好者也可根据各自的生理、心理特点和喜好选择不同的项目进行锻炼。无论是舞龙、舞狮、赛龙舟、拔河等群体对抗的项目,还是摔跤、赛马等个体项目,或者各种娱乐游戏等活动都能满足不同人的不同体育运动心理发展需求。

## 八、交融性

民族的交流与融合可促进民族体育文化的交融。我国民族传统体育文化在其漫长的发展历史中表现出了交融性特点。

纵观我国发展史,在不同的历史时期,不同模式与类型的民族文化在历史上经过不断碰撞、接触与交流,在这个过程中民族传统文化相互渗透与融合。在民族传统体育活动交流中,各民族之间虽然也会发生矛盾与冲突,但更多的是友好往来,进行文化的学习与交流。各民族许多传统体育项目相互交融,共同学习,最终达成共识,体现了民族体育发展的共融性。

我国许多民族传统体育项目,最初都是从某个地区或民族中率先流行,之后走出本民族与其他民族进行交融,被生活环境相似或风俗习惯接近的民族所认同、接纳和改造。

以龙舟运动为例,据考证,龙舟比赛最初应源于古越一带,后来由于古越文化和长江中游文化的往来,逐渐扩展到我国南方大部分省区。据统计,仅地方史书对龙舟活动有详细记载者多达数百条,涉及我国南方15个省区。

此外,像马球、秋千、骑术、气功、围棋等皆为我国各族人民共同创造的成果。通过民族体育文化的融合、改造与革新,诞生了一些新的项目。如在清朝中期,满族同胞综合了滑冰与足球,发明了"冰上蹴鞠之戏"的冰上足球活动。新时期,伴随2022年京张冬奥会的申办成功,我国大力推广冰雪运动,新疆地区推出了"冰上龙舟"项目。

不同体育运动的结合,不仅体现了不同民族体育文化的交融,也促进了民族传统体育在新时期的发展。

## 九、传承性

文化发展具有传承性,我国民族传统体育作为一种优秀的体育文化,也具有传承性特点。

我国民族体育文化是优秀的民族传统文化,适应人类社会的发展。必须认识到,并不是所有的在历史上出现过的文化都可称为传统文化,只有那些具有重要价值、具有生命活力并得以积淀、保存和延续下来的文化才称为传统文化。我国民族传统体育文化与各个时期各民族的生产生活密切结合,具有非常强的生命活力,有着传统的延续、继承和发扬的条件与优势。

民族传统体育是我国优秀文化的代表,在历史和当前社会发展中发挥着非常重要的作用,传承民族传统体育文化具有重要的社会现实意义,因此,我国民族传统体育文化具有传承的必要性。

需要特别指出的是,我国民族传统体育的传承并非是一种

"文化复刻",而是在传承的基础上进行发展和创新。民族传统体育在发展过程中内涵不断丰富,这对中华民族凝聚力的提升具有重要意义。另外,民族传统体育在传承过程中也会受到诸如社会、历史、经济、政治等因素的影响,其内容、形式、精神内涵等不断丰富。

# 第四节　民族传统体育的内容与分类

## 一、民族传统体育的内容

### (一)民族传统体育文化体系

从世界范围来讲,世界上有两大体育文化体系。

第一类:目前世界各个国家、各个民族地区通行的,起源于西欧国家,由古希腊、古罗马竞技、欧美娱乐活动发展而来,统称西方体育。

第二类:在地理位置上区分于欧美国家的东方亚洲等国家地区民族传统体育运动文化,包括我国的导引、太极拳、武术;印度的瑜伽;日本的相扑;韩国的跆拳道等,统称为东方体育。

### (二)我国民族传统体育文化

民族传统体育文化是我国生活在各个地区的各个民族代代继承和发展的,以实现强身健体、提高身体机能、提升民族社会适应能力和生存能力的人类社会活动,其具有丰富的文化内涵与外延。

我国民族传统体育文化范畴内容如下。

(1)本民族固有的民族文化。

(2)通过传承与发展所形成的体育运动理论、形式与内容。

（3）属于民族文化领域范畴内的体育现象。①

## 二、民族传统体育的分类

我国民族传统体育内容丰富，根据不同分类方法可分为不同类型，具体解析如下。

### （一）按项目性质和作用分类

根据民族传统体育项目性质与作用，我国民族传统体育分类见表1-1。

表 1-1　我国不同性质和作用的民族传统体育

| 竞技 | | 武术、珍珠球、押加、秋千、木球、抢花炮、蹴球、毽球、打陀螺、龙舟、民族式摔跤、射弩、马术、踩高跷等 |
|---|---|---|
| 娱乐 | 棋艺 | 以开发智力为主，如象棋、围棋、藏棋等。 |
| | 踢打 | 如踢毽子、打飞棒、踢沙包等。 |
| | 投掷 | 如抛绣球、投火把、丢花包、抛沙袋。 |
| | 托举 | 以托举器物或负重为主，如举皮袋、抱石头等。 |
| | 舞蹈 | 如接龙舞、耍火龙、跳芦笙、打棍、跳桌等。 |
| 健身养生 | 太极拳 | 陈氏太极拳、杨氏太极拳、二十四式简化太极拳等 |
| | 导引术、气功等 | 五禽戏、六字诀、八段锦、易筋经 |

### （二）根据学科知识分类

1. 武术

武术是我国民族传统体育内容中最具代表性的内容之一。我国武术文化源远流长，在其漫长的发展历史中，博采众长，

---

① 王亚琼，杨庆辞，罗曦娟.民族传统体育学［M］.北京:北京师范大学出版社，2013.

最终形成了自身相对稳定的理论体系,学科建设水平较高,武术作为一个具有文化代表的民族传统体育运动项目,通常被单列为独立的一项民族传统体育内容。

武术文化体系与项目类别可以进行细分,内容丰富,具体包括以下几方面内容。

(1)武德。

(2)武术传统文化。

(3)武术史。

(4)武术功法项目(表1-2)。

表1-2　武术功法项目分类

| 分类 | 细分类 | | 内容 |
|---|---|---|---|
| 表现形式 | 功法运动 | | 内功、外功、轻功、柔功 |
| | 套路形式 | 单练 | 拳术、器械 |
| | | 对练 | 徒手对练、器械对练、徒手与器械对练 |
| | | 集体演练 | 四人以武者徒手或持器械演练 |
| | 格斗形式 | | 散打、推手、长兵和短兵等 |
| 风格特点 | 内家 | | 内家拳、太极扇等武当流派武术,以柔克刚 |
| | 外家 | | 以少林流派为主,以刚克柔 |
| 运动形态 | 传统武术、竞技武术 | | |
| 地域 | 齐鲁武术、三晋武术、燕赵武术 | | |

2.民族养生体育

在中华养生文化中,体育养生是重要组成部分。传统体育养生以传统养生理论为基础,是将古代养生理论与锻炼身体的健身方法相结合的实践性学科。我国民族传统养生体育主要包括武术养生和导引养生术等内容。

3.民族民间体育

民族民间体育,具体是指在我国各族同胞在民间活动中所经

常从事的体育活动,具体包括个体性与群体性、表演性和竞技性
的项目。

## (三)根据项目特点分类

根据民族传统体育运动项目特点,具体分类见表1-3。

表1-3 我国不同项目特点的民族传统体育

| 分类标准 | 细分类 | 分类说明 | 项目举例 |
|---|---|---|---|
| 竞技能力 | 制胜类 | 比拼力量对抗 | 蹲斗、斗鸡、摔跤、踏脚、顶牛、踢脚、掼牛、拔腰力、马上角力等 |
| | 技艺类 | 以技巧性见长,比拼技术与技能 | 舞龙、舞狮、马术、套马、踢毽子、达瓦孜等 |
| | 命中类 | 根据命中目标次数的多少或命中目标的程度决定胜负 | 射箭、射弩、射击、打火药枪、投矛、古朵、投石器、打飞靶、泥弹弓、赛马射箭、叉草球、射元宝、飞石索、吹枪、碧秀等 |
| | 竞速类 | 比拼速度,包括水中竞渡、陆地竞速两类 | 赛龙舟、游泳、跳火绳、划猪槽船、划竹排、溜索、赛皮筏等 |
| | 角力类 | 比拼力量 | 抵肩、扳手劲、大象拔河、扭扁担、顶竹杠、扭杠、拉棍、扭棍子、拔河、顶缸、格吞、抵杠、奔牛、推杆等 |
| 嬉戏娱乐 | 棋艺类 | 民族棋类 | 中国象棋、围棋、三棋、五子棋、射棋、藏棋等 |
| | 击打类 | 用道具击打物标或身体部位 | 木球、哆毽、击木、波依阔、打扁担、打瓦、帕卜孜棍球、打枪担、打篾鸡蛋、跳竹竿、吉韧打飞棒等 |
| | 跳跃类 | 借助器械克服障碍 | 跳竹、跳马、跳狮子、跳骆驼、跳竹竿等 |
| | 托举类 | 举起不同质量重物 | 举重、举石锁、举石、抱石头等 |
| | 抛接类 | 抛掷器物或信物 | 抛绣球、布朗球、怒球、竿球、鸡棕陀螺、扔石头、掷石锁、丢花包等 |

续表

| 分类标准 | 细分类 | 分类说明 | 项目举例 |
|---|---|---|---|
| 节庆习俗 | 节日 | 节日庆祝 | 磨秋、打陀螺、登山、耍草龙、龙舞、接新水、秋千、芦笙舞、踢毛菌、玩山等 |
| | 宗教祭祀 | 具有宗教意义的体育活动 | 稳凳、锥鼓舞、上刀杆、独龙刀术、标枪、打鞋等 |
| | 娱乐狂欢 | 借助活动表达民族情感和喜悦心情 | 舞铃铛、耍龙、爬油杆、葫芦舞、撒实威威、绕山林、车秋、轮子秋、踢毛键、跳花鼓、阿勤难、吉菠基伸、蹬窝乐、打格螺、跳鼓、芦笙舞、二人秋千、拔拔拉、爬坡杆、霸王鞭、仿鸟舞、独木天梯、人龙、蹉石球、斗狗、爬树追逐、踩高跷、滑草、耍白象、抢花炮、抢花灯、沙哈尔地、象脚鼓对踢、跳木鼓、风车秋、虎熊抱石头等 |
| | 婚恋郊游 | 交友 | 姑娘追、荡秋千、夺标鼠、打鸡毛球、背篓球、八人秋、云花包、爬滑竿等 |
| | 农事生产 | 庆祝丰收，预祝今后生活更加美好 | 舞花棍、跳大鼓、闹金秋等 |

## （四）根据民族分类

下面主要阐述汉族与其他少数民族的具体项目。

### 1. 汉族传统体育

我国历史悠久，汉民族以中原地区为主要居住区，在五千年的文化历史中形成了丰富的汉民族文化，据1990年《中华民族传统体育志》中对民族传统体育的记载，有676条少数民族传统体育被发掘、发现，其中，汉族有301条，共计977条。①

汉族代表性民族传统体育项目主要有龙舟、武术、气功、风筝

---

① 张选惠.民族传统体育概论[M].北京:人民体育出版社,2004.

等,这些民族传统体育流传广泛,有不少项目已经走出国门,走向世界,成为世界文化的重要组成部分,向世界人民展示了中华民族的体育文化风采。

2.我国少数民族传统体育

我国各少数民族的具有代表性的传统体育项目简介见表1-4。

表1-4　我国少数民族传统体育

| 序号 | 民族 | 民族传统体育代表项目 | 数量(项) |
|------|------|----------------------|-----------|
| 1 | 蒙古族 | 摔跤(博克)、赛马、赛骆驼、套马、打布鲁等 | 15 |
| 2 | 回族 | 木球(打篮子)、掼牛、拔河、拔腰等 | 47 |
| 3 | 藏族 | 赛牦牛、赛马、大象拔河、"朵加"等 | 32 |
| 4 | 维吾尔族 | 摔跤、赛马、叼羊、骑射、抢花帽等 | 11 |
| 5 | 苗族 | 秋千、划龙舟、芦笙刀、射弩、苗拳等 | 33 |
| 6 | 彝族 | 摔跤、赛马、耍狮子、跳高脚马、爬油竿、跳火绳、对手拉、抵肩、跳板凳、刀术等 | 43 |
| 7 | 壮族 | 抛绣球、抢花炮、打陀螺、跳花灯等 | 28 |
| 8 | 布依族 | 丢花包、秋千、赛马、耍狮等 | 8 |
| 9 | 朝鲜族 | 跳板、摔跤、荡秋千、顶罐走、朝鲜象棋等 | 7 |
| 10 | 满族 | 珍珠球、冰嬉、满族秋千、马球等 | 45 |
| 11 | 侗族 | 抢花炮、草球、踩高脚、踩芦笙、侗拳等 | 13 |
| 12 | 瑶族 | 人龙、打陀螺、瑶拳等 | 8 |
| 13 | 白族 | 赛马、赛龙舟、跳火把、耍火龙等 | 14 |
| 14 | 土家族 | 打飞棒、踢毽子、磨秋、摇旱船、舞板凳龙等 | 43 |
| 15 | 哈尼族 | 磨秋、打陀螺等 | 5 |
| 16 | 哈萨克族 | 叼羊、姑娘追、赛马、摔跤等 | 7 |
| 17 | 傣族 | 赛龙舟、丢包、藤球、跳竹竿等 | 13 |

| 序号 | 民族 | 民族传统体育代表项目 | 数量(项) |
|---|---|---|---|
| 18 | 黎族 | 打花棍、钱铃双刀、射箭等 | 7 |
| 19 | 傈僳族 | 弩弓射击、泥弹弓、爬竹竿、四方拔河等 | 21 |
| 20 | 佤族 | 射弩、摔跤等 | 12 |
| 21 | 畲族 | 操石磉、打尺寸等 | 9 |
| 22 | 高山族 | 羊球、顶壶竞走、拉竿、龙舟竞渡等 | 17 |
| 23 | 拉祜族 | 射弩、鸡毛球、双刀术、双棍术等 | 19 |
| 24 | 水族 | 赛马、狮子登高等 | 4 |
| 25 | 东乡族 | 羊皮筏子、羊皮袋、骑木划水等 | 13 |
| 26 | 纳西族 | 东巴跳、荡秋千、赛马等 | 10 |
| 27 | 景颇族 | 火枪射击、爬滑竿等 | 12 |
| 28 | 柯尔克孜族 | 姑娘追、叼羊、走马、射元宝、狩猎、奥塔热希、马背拔河、跨驼比武、二人秋等 | 23 |
| 29 | 土族 | 轮子秋、拉棍等 | 3 |
| 30 | 达斡尔族 | 曲棍球、颈力等 | 11 |
| 31 | 仫佬族 | 抢花炮、打篾球等 | 6 |
| 32 | 羌族 | 推杆、顶竿、摔跤、骑射、武术、跳棋 | 6 |
| 33 | 布朗族 | 藤球、爬竿、斗鸡、射箭、跑马 | 5 |
| 34 | 撒拉族 | 拔腰、打蚂蚱等 | 10 |
| 35 | 毛南族 | 顶竹竿、下棋等 | 12 |
| 36 | 仡佬族 | 打篾鸡蛋球、打花龙、高台舞狮 | 3 |
| 37 | 锡伯族 | 射箭、摔跤、滑冰、打螃蟹等 | 6 |
| 38 | 阿昌族 | 耍象、龙、荡秋、车秋等 | 9 |
| 39 | 塔吉克族 | 叼羊、赛马等 | 2 |
| 40 | 普米族 | 射箭、射弩、磨秋、摔跤等 | 9 |
| 41 | 怒族 | 跳竹、怒球等 | 8 |

| 序号 | 民族 | 民族传统体育代表项目 | 数量（项） |
|------|------|---------------------|-----------|
| 42 | 乌孜别克族 | 赛马、叼羊、摔跤 | 3 |
| 43 | 俄罗斯族 | 嘎里特克 | 1 |
| 44 | 鄂温克族 | 套马、狩猎、滑雪 | 3 |
| 45 | 德昂族 | 射弩、梅花拳、左拳 | 3 |
| 46 | 保安族 | 赛马、夺腰刀、抱腰等 | 7 |
| 47 | 裕固族 | 赛马、摔跤、射箭、拉爬牛、顶牛等 | 7 |
| 48 | 京族 | 踩高跷、跳竹竿、顶竹竿等 | 5 |
| 49 | 塔塔尔族 | 赛跳跑、爬竿 | 2 |
| 50 | 独龙族 | 射弩、溜索比赛、滑草、拉姆、撑竿跳等 | 11 |
| 51 | 鄂伦春族 | 射击、赛马、拉杆、撑竿跳、滑雪、斗熊等 | 11 |
| 52 | 赫哲族 | 叉草球、叉草人、打爬犁、赛狗爬犁、冰磨等 | 13 |
| 53 | 门巴族 | 射击 | 1 |
| 54 | 珞巴族 | 射箭、碧秀（响箭） | 2 |
| 55 | 基诺族 | 竹竿比赛、摔跤、高跷、藤条拔河、射弩等 | 11 |

## （五）根据赛事设项分类

在体育全球化的今天，为了顺应世界竞技体育发展趋势，我国许多民族传统体育项目都在进行竞技化改革，这使得我国一些优秀的民族传统体育项目能出现在世界体育赛事中被更多的其他国家的人所知晓、关注、学习。

我国民族传统体育项目赛事主要有以下两类。

### 1. 竞赛项目

当前我国少数民族传统体育运动会中，共设有 17 个竞赛项目，具体包括珍珠球、木球、秋千、龙舟、毽球、蹴球、射弩、花炮、押加、板鞋竞速、陀螺、民族式摔跤、高脚竞速、马术、少数民族武术、独竹漂、民族健身操。

2. 表演项目

全国少数民族传统体育运动会中,共设有 178 个表演项目,包括以下三类。

(1)技巧类

技巧类少数民族传统体育项目主要包括双狮醉酒、俄罗斯族竞赛舞、花样跳绳、快乐黎山等 40 项。

(2)竞技类

竞技类少数民族传统体育项目主要包括草球乐、讴莎腰、仡佬族鸡舞、苗族芦笙竞技舞“子咯夫”等 45 项。

(3)综合类

综合类少数民族传统体育项目主要包括竿球、热巴鼓、毽舞、夯墙乐、裕固塔拉赛羊、六盘响鞭等 93 项。

**(六)根据地区分类**

我国地域广阔,根据地理环境的不同,可以将我国大致分为四个区域,即东北和内蒙古地区、中东南地区、西南地区以及西北地区,各个地区分布居住着不同的民族,各地区民族传统体育表现出不同的区域特色(表 1-5)。

表 1-5　我国不同地区的民族传统体育

| 区域划分 | 行政区域 | 代表民族 | 代表体育项目 |
|---|---|---|---|
| 东北和内蒙古地区 | 包括吉林、辽宁、黑龙江三省以及内蒙古自治区 | 蒙古族、满族、达斡尔族、鄂温克族、朝鲜族、鄂伦春族、赫哲族 | 博克、打布鲁、赛骆驼、珍珠球、马术、赛马、跳马、跳骆驼、赶石弹、射箭、骑射、冰嬉、跳板、荡秋千、拔河、铁连板、顶水罐走、转瓢、抢枢、打棍、打靶、滑雪、赛皮爬犁、叉鱼、叉草球、玩冰磨、顶杠等 |

续表

| 区域划分 | 行政区域 | 代表民族 | 代表体育项目 |
|---|---|---|---|
| 中东南地区 | 包括广西、广东、湖南、湖北、福建、浙江、江西、安徽、海南、台湾地区 | 苗族、壮族、土家族、布依族、侗族、瑶族、毛南族、佬族、水族、仡黎族、高山族、仫佬族、畲族、京族 | 围山打猎、茅谷斯；甩岩石、摆手舞、打铜鼓、草把龙、八人秋、舞狮等 |
| 西南地区 | 包括四川、云南、贵州、西藏、重庆四省一市 | 藏族、彝族、回族、满族、傣族、门巴族、景颇族、布朗族、珞巴族、哈尼族、苗族、羌族、佤族、拉祜族、阿昌族、普米族、怒族、蒙古族、白族、独龙族、基诺族、壮族、德昂族、土家族、傈僳族、纳西族、布依族、水族、瑶族 | 武术、赛马、射箭、射弩、押加、打磨秋、斗牛、锅庄、推杆、萨朗、骑射、爬花杆、秋千、吹枪、陀螺、龙舟、摔跤、跳芦笙、上刀杆、磨担秋、拔河、傣雅银铃操、霸王鞭、爬杆、跳把式、北嘎、碧秀（响箭）、踢毽、吉韧（弹克郎球）、赛牦牛、跳山羊、顶壶竞走、转山等 |
| 西北地区 | 包括陕西、青海、宁夏、新疆、甘肃5个省区 | 回族、藏族、土族、裕固族、维吾尔族、哈萨克族、保安族、塔吉克族、柯尔克孜族、东乡族、满族、乌孜别克族、撒拉族、塔塔尔族、蒙古族、锡伯族、俄罗斯族、达斡尔族 | 姑娘追、赛马、赛牦牛、叼羊、骑射、马上角力、飞马拾银、牛羊皮筏竞渡、骑木划水、人牛泅渡、赛骆驼、赛跑跳、牛羊皮袋泅渡、冰床、滑冰、双飞舞、拔河、押加、拉爬牛、弹腿、空中转轮、轮子秋、马术、达瓦孜等 |

# 第二章　民族传统体育与和谐
# 社会关系研究

民族传统体育作为一种体育文化,是社会体系的重要构成要素,在体育建设和社会文化建设中发挥着十分重要的作用。2017年十九大报告进一步明确提出建设"富强民主文明和谐美丽的社会主义现代化强国",我国社会建设进入了一个新时期,结合当下和谐社会建设的新需求,要建立一个更加幸福、和谐、充满活力的和谐社会,就更应该关注人民群众的健康,注重人民群众的生活水平和生活质量的不断提高,体育在这方面发挥着十分重要的作用。民族传统体育是在我国漫长的历史中沉淀下来的优秀体育文化,对于推动我国社会发展发挥了重要的作用。本章重点就民族传统体育与和谐社会的关系进行研究分析,以为新时期充分发挥民族传统体育在和谐社会构建中的助力作用提供一定的理论基础。

# 第一节　和谐社会及其构建解析

## 一、和谐社会概述

### (一)和谐社会的提出

社会主义和谐社会的最早提出是在 2004 年。2004 年 9 月19 日,中国第十六届中央委员会第四次全体会议上正式提出了

"构建社会主义和谐社会"的概念,该概念的缩略语即为"和谐社会"。和谐社会概念的提出,为新时期我国社会的发展提供了指导方向,此后,我国就从多个方面入手积极加强社会建设,为人民群众构建经济发展、文化自信、科技先进、环境优美、关系和谐的美好社会。

和谐社会的提出并非偶然,而是具有其提出的重要理论依据,学术界关于和谐社会的适时提出主要有以下几个观点。

### 1."关键阶段论"

当前,我国的经济发展已经进入了一个关键的历史阶段,我国人均 GDP 从 1 000 美元向 3 000 美元跨越,这一重要发展节点是整个世界范围内任何国家都需要重视的一个发展节点。根据国际范围内其他国家的发展经验来看,经历该阶段意味着一个国家和地区正在进入社会经济发展的黄金时期,同时,这一时期也将是社会经济矛盾增多和突出的时期,为了解决当时所面临和即将面临的各种社会经济发展问题,我国提出了构建"社会主义和谐社会"的战略举措。

### 2."社会转型论"

21 世纪以来,我国经济增长速度不断加快,我国正在进入一个社会转型时期,社会经济发展的矛盾、人民生活的矛盾等都发生了重要的变化,在新的社会转型期,我国面临着各种社会问题,如经济纠纷、民事纠纷、信访数量增长、社会治安问题、民生问题等,各种问题严重影响着社会发展的速度和稳定性,在这样的社会大背景下,提出和谐社会的建设,有助于预见性、有效地解决各种社会问题,促进我国社会的稳步发展前进。

### 3."问题依据论"

和谐社会的提出具有很强的现实针对性,其提出旨在解决社会发展过程中正在出现和影响范围不断扩大的社会问题,如城乡差距、贫富差距持续扩大；社会资源分配不均等，和谐社会的提出有助于解决这些具体问题。

4."内外依据论"

"和谐社会"是在受国内国外环境因素影响的背景下提出的。

就国内而言，我国加快推进工业化、城镇，社会出现了"五个多样化"，对当下作为执政党的共产党的执政基础和执政能力提出了新的挑战。

就国际而言，在经济全球化发展背景下，我国的经济发展面临着机遇，也面临着巨大的挑战与压力，为应对各种国际"质疑""不理解"，我国提出了和谐社会建设，有利于真正促进我国社会可持续发展，并树立良好国际形象，也为国际诸多问题的解决提供参考与启发。

5."阶段性特征论"

有学者认为，要准确把握构建社会主义和谐社会的背景，就必须要从我国当前所面临的阶段性特征入手。我国社会发展进入到一个重要的战略机遇期，从新时期我国全面建设小康社会、改革发展处于新起点、经济社会结构转型等阶段性特征出发，才能全面理解我国社会主义和谐社会提出的历史背景。

（二）构建和谐社会的意义

在社会主义现代化建设的目标与任务中，和谐社会的构建是其中之一。和谐社会建设这一目标的提出能够满足广大人民群众对建设理想社会的需求，而且与我国的国情尤其是经济发展现状是相适应的。与此同时，对科学发展观的树立与落实也离不开建设和谐社会这一重要步骤，构建和谐社会意义非凡。

社会是否和谐，直接关系到每个人的生活环境、生存质量、生命价值。长久以来，受历史条件限制，构建和谐社会始终未能成功，但人类追求和谐的美好向往代代留存。新时期新阶段，构建社会主义和谐社会的重大战略思想和战略任务的提出,反映了全党全国人民的共同愿望,开启了实现社会和谐的历史进程。①

## 二、和谐社会的内容

2005 年,我国正式提出"和谐社会"战略任务,"和谐"的理念要成为建设"中国特色的社会主义"过程中的价值取向。"和谐社会"包括以下基本内容。

### (一)民主法治

所谓民主法治,即充分实行与发扬社会主义民主,认真执行依法治国方略,保障人民群众的主人翁地位。民主法治是和谐社会构建的政治基础和保障。

我国是社会主义国家,在我国,人民群众是国家的主人,和谐社会构建的目的是为广大人民群众建设一个良好的社会,首先应从政治层面确保社会秩序的正常,保障人民群众的基本权利。和谐社会的构建,是一个宏伟的大工程,必须将广大人民的积极性、主动性和创造性以及社会各方面的积极因素充分调动起来,因此必须充分发扬民主。

构建社会主义和谐社会,民主与法治是根本保障,二者相互统一、相辅相成。新时期,要充分实现民主法治,应做好以下工作。

### 1. 加强民主政治建设

民主是人民群众在关注社会、参与社会、建设社会过程中的政治权利保障,民主社会也是广大人民群众的愿望与要求,在和谐社会建设过程中,必须确保广大人民群众的独立人格和民主权利,满足广大人民群众的根本利益,鼓励广大人民群众积极参与

---

① 时评:化和谐信念为构建实践[N].人民日报,2007-01-15.

到和谐社会的建设大业中来。

2. 坚持依法治国

和谐社会的构建离不开健全的法制,这是任何一个社会保持良好、持续发展的基本法律保障。

新时期,必须继续加强我国的各项法律法规的健全,法律法规不仅适用于普通人民,也同样适用于执政者与管理者,应不断提高人民群众法律意识,稳步推进国家管理的行为的法制化与规范化,使党的各项方针政策能真正落到实处、使社会环境变得更加安全与稳定、使整个社会都在法制的管理中顺利运转。

近年来,我国不断扩大反腐力度,加大扫黑除黑力度,正是新时期我国坚持依法治国的信心的表现,任何组织任何个人都不能游离于法律之外,威胁人民群众的生命健康和财产安全,任何挑战社会法律、社会道德的行为都会受到制裁。

（二）公平正义

现代社会,社会资源分配不均衡是各种社会问题产生的重要根源。新时期,要构建社会主义和谐社会,就应该强调社会的公平正义,这是解决人民内部矛盾的基本前提,在社会发展的任何时候,都应该尽量做到,使社会建设的成果能够被大多数人民群众共同享有,做到人民共建共享。

和谐社会的提出有助于解决当前我国社会发展阶段中的各种社会问题。现阶段,随着我国经济改革的不断深入,社会分化现象严重,各个社会阶层与利益群体之间的利益关系逐渐变得复杂,社会公平问题日益凸显,例如,地区之间的社会成员收入分配差异问题;同一地区不同社会成员之间收入分配差距问题;不同社会群体所拥有的教育、医疗、养老等社会资源的问题。

新时期,要实现社会公平正义应从以下几个方面努力。

1. 完善利益表达机制

制度在协调多方利益中具有不可忽视的作用。充分发挥制度的作用,保证社会成员的基本权利,这在社会主义和谐社会的构建中是至关重要的。

要促进社会成员之间的收入分配向公平与公正发展,就必须要搞好社会多方面的利益关系,建立和完善利益表达机制,鼓励各个利益群体充分表达自身意见和要求,要加强利益群体之间的沟通与交流,减少冲突与矛盾,最大限度地保障大多数社会成员的利益,最大限度地实现社会公平。

### 2. 依托法律依法实现公平正义

社会公平正义需要依靠法律制度去维护,可以说,构建和谐社会,实现社会公平正义的措施有很多种,但是,通过法律手段,依法实现公平正义,是实现社会公平正义的最根本的保障。

### 3. 注重社会协调

正如前面所说,社会公平正义遭受到破坏时,必然是有些人和组织的利益受到了侵害,而另外一些人和组织占据了与本人和组织不相匹配的社会资源。对此,要注重社会关系和利益调节,正确处理效率与公平的关系,有效协调不同地区与部门的利益关系,使各种社会资源得到平均、合理分配。

### (三)诚信友爱

诚信友爱是社会主义和谐社会的一个重要特征,也是构建社会主义和谐社会的一项重要内容。和谐社会,必然是诚信、友爱的社会。

中华民族是一个讲究诚信的民族集合体,长期以来,在古人的"以诚为本""人无信则不立"的传统思想影响下,我国世世代代人民都非常注重个人的诚信。诚信是个人和社会上一切道德的基础和根本。现代社会,社会成员要自觉遵守社会规则、规章制度和公共秩序,行事要以这些规则和制度为规范,社会经济生活中任何关系的维系,都是要以诚信为基本道德准则,诚信对人际关系的调节、对经济和社会生活秩序的规范具有重要作用,是个体和企业组织立足社会的基础行为准则。

友爱,是良好人际关系的重要表现。全体社会成员,应在彼此诚信的基础上,进一步形成平等互助、友爱和融洽的社会人际关系。

新时期,要促进我国社会的诚信友爱,应从以下几方面入手。

1. 加强社会主义道德建设

不断提高全体社会成员的道德素质水平,倡导社会全体成员发展诚实守信、互帮互助、平等友爱,重视新时期的社会主义的道德建设,提倡所有社会公民遵循基本道德规范,广泛开展社会公德、家庭美德、职业道德教育。

2. 加强社会价值观引导

在每一个社会发展阶段,都应该重视本社会阶段的核心价值观导向的建设,社会主流价值观的建设,有助于促进社会成员诚实守信意识以及道德素质水平的提高,并以此来实现人的全面发展,培养有理想、有道德、有文化、有纪律的社会建设者,培养知荣辱、讲正气、做奉献、促和谐的良好社会风尚,培育公认的社会价值观,弘扬真善美,促进社会成员之间的诚信友爱。

(四)充满活力

任何一个国家、地区、民族的持续发展都离不开发展活力,现代社会要构建社会主义和谐社会,实现社会的健康可持续发展,必须要激发社会活力。

社会活力以创造为根本和源泉,社会主义和谐社会应是生机勃勃的社会,要创造和激发社会活力,应从以下几方面着手。

1. 政策促进

从政策上促进和创造社会活力,是调动一切积极因素的关键着眼点。在和谐社会的构建过程中,要通过一系列政策、法律法规等的制定和颁布,将所有的有利因素充分调动起来,集中全体社会成员的创造创新意识和能力,坚决克服各种障碍,激发所有生产要素的活力,发掘所有能够创造社会财富的源泉,增强社会创造活力。

### 2.区别对待,全面激发社会活力

(1)全心全意依靠工人阶级(包括知识分子在内),促使其不断为经济社会的发展做贡献。

(2)全面激发不同阶级、不是阶层人民群众的主动性、积极性和创造性。

(3)注重对不同地区(政治、经济、文化、科技、教育等发达地区和不发达地区)的产业、群体的活力的鼓励与激发,激发发达地区社会建设活力,关注和重视欠发达地区的社会活力激发,最终促进社会各方面向着更好的方向发展。

(4)注重激发新社会阶层(私有企业者和自由职业者)活力。

### (五)安定有序

安定有序,简单来理解,就是要保持社会秩序有序、社会安全稳定。具体分析如下。

### 1.社会有序

在构建社会主义和谐社会的过程中,社会各方面的发展应遵循一定的章法,具体表现在以下几个方面。

(1)政治有序:广大人民群众有发表意见的权利,民主程序合法,具有有效的权力监督制度。

(2)经济有序:政府、市场以及企业有着正确的功能定位,其行为方式与法律法规与市场准则相符。

(3)文化有序:有效发展指导思想的一元化和多样性之间的关系。

（4）社会生活有序：坚决坚持共同的社会主义道德规范，在此基础上，尊重和鼓励个人的自由发展。

## 2.社会稳定

社会稳定就是社会处于并保持平安且稳定的状态，社会成员具有平和的心理，成员之间保持和睦的关系。

在新时期，创新社会管理体制，并加以完善，建立和健全社会管理准则，使社会管理逐步走向科学化与高效化，是实现社会稳定的重要基础。社会各方面都能得到一定的发展，社会各方面的利益都能得到维护，才能进一步实现社会稳定。

## （六）人与自然协调相处

人的发展、社会的发展，都离不开自然环境。社会和谐很大程度上依赖并取决于人与自然的关系。

需要特别指出的是，这里的"自然"具体包括两个方面，即环境与资源。

首先，人类社会生存在一定的自然环境中，从自然环境中获取必要的生活和升舱资料，如果没有自然环境，人和社会就会失去生存的基础。因此，在构建和谐社会的过程中，应高度重视人与自然的和谐相处。

其次，在人类历史的发展过程中，人类从自然环境中不断地获取资源，自然环境中可供人类社会发展使用的资源在不断地减少。人类不能以无限制地消耗自然资源，以破坏环境为代价来促进经济的发展。倘若人类通过破坏自然来获取经济的发展，就会使自然资源不断减少，人类社会的发展将会走到尽头。因此，应重视正确处理社会发展与资源获取之间的关系，尤其将人口增长、资源利用、环境保护与经济发展的关系处理好，否则社会经济、文化的可持续发展便无法实现，也就不可能进一步推动社会主义和谐社会的建设。

# 第二节 体育与社会各要素的关系

## 一、社会构成要素

### （一）政治

政治是构成一个社会的基础，社会形成之后就自然有了政治，马克思曾经指出："一个阶级是社会上占统治地位的物质力量，同时也是社会上占统治地位的精神力量。支配着物质资料生产的阶级，同时也支配着精神生产资料……"。正是因为政治的存在，才会有了社会阶级的存在，才会有了国家、地区、民族之间矛盾的产生，当然，政治也可以促进多边互赢。

### （二）经济

经济的发展可以有效促进社会的发展，纵观人类社会发展史，凡是社会稳定的时期，经济也一定能获得良好的发展，而经济的发展可以促进社会的进一步发展，经济与社会发展二者是相互促进的关系。可以说，经济也是社会发展的重要基础，为社会的发展提供必要的物质资料。

### （三）文化

人类社会的产生离不开人类文化的发展，国家的形成正是人类社会发展到一定阶段的结果，社会阶级的存在、社会价值观、社会发展模式等，都与社会文化的发展具有非常密切的关系。文化是构成社会体系的一个重要因素。

### （四）科技

科技是社会发展的一个重要推动力，也是社会体系的重要构成要素。从一个国家和地区的社会发展程度来看，越是科学技术发达的国家和地区,其社会发展程度就越高,同时,科技的进步,能直接影响社会大众的日常生活发生重大的变革,科技的进步能促进社会各方面的快速发展。

### (五)军事

军事是社会的重要构成要素,和平可以促进社会发展进步,军事战争也同样可以促进社会发展进步,例如我国古代社会的秦王朝、汉王朝、清王朝建立之间的战争,人类社会的发展应该尽量避免战争,但不可否认,这些战争确实在一定程度上促进了社会快速的发展。

在现代社会,世界局势中仍然有很多不安定因素的存在,因此一个国家和地区的军事建设非常重要,可以说,武备正是为了更好地实现和平。越是发达国家越重视军事建设。军事是影响一个国家和地区命运的重要因素,自然也是影响社会发展的一个重要因素。

### (六)自然

自然环境与条件是社会存在的客观基础,如果没有自然环境、自然资源,社会将不复存在。

## 二、体育与社会各要素的关系解析

就体育与社会诸要素的关系来看,社会政治、经济、文化等的发展对体育的发展有着重要的影响。同时,体育的发展也会影响以上几方面的发展。体育作为一种社会文化形态,其与社会诸要素(经济、政治、文化、科技等)之间具有非常密切的关系。

### (一)体育与政治

#### 1.政治对体育的影响

马克思主义创始人说过"劳动创造了人",但并非劳动创造了人类文化的一切。种种文化形态或社会事物是在人类文明不断发展中逐渐形成的,体育作为一种人类社会文化,是在人类长期漫长的发展过程中萌生、发展的。

政治对体育的影响表现在以下几个方面。

(1)体育参与是一种政治身份象征

荷马史诗中记载,只有贵族才能参加竞技比赛。在古希腊,奥林匹克运动会对与会运动员的血统进行审查,只有生来自由的希腊公民才能参加奥林匹克运动会,而奴隶、战俘和异邦人士不允许进入运动场。欧洲中世纪有骑士的"七技"(骑马、游泳、投枪、击剑、行猎、跳棋、吟诗)教育,只有在社会政治地位中具有一定身份的人才能接受该教育,一般平民是无法接受这些"高端教育"的。

在我国春秋战国时期,奴隶主重视后代的教育,孔子所提到贵族"六艺"(礼、乐、射、御、书、数)教育,也主要是针对奴隶主贵族的后代来开展的,读书识字,习练武艺,是为统治阶级培养合格的接班人。

(2)政治对体育发展的促进

体育的发展离不开政府的支持。在我国古代,凡是统治阶级喜欢的体育运动,大都会在当时历史时期获得良好的发展。例如隋唐时期,统治者思想开明,愿意接触其他民族甚至是其他国家的文化,因此,这一时期,许多少数民族体育在中原地区获得了良好的发展。盛唐时期,内部安定,与外邦睦邻友好,我国很多民族传统体育传到中亚国家、日本、韩国。唐朝时期,统治者重视武备,开创武举制,民间的传统体育发展迅速,不仅民间的武术技艺发展迅速,同时,武术表演、杂技、舞龙、舞狮等娱乐性传统体育项目更是获得了快速的发展。清朝满族统治期间,统治者大力推行本民族的传统体育,因此,射箭、骑马、冰嬉等项目在这一时期得到了快速的发展。上述这些事例,都充分表明了统治者政治政策与方向引导对体育发展的重要影响。

在现代,我国竞技体育发展中,以国际大型体育赛事举办为例,这些赛事的成功举办离不开政府的大力支持。第29届夏季奥林匹克运动会,即2008年北京奥运会的成功举办,标志着世界体育和中国体育都翻开了新的一页。在筹办和举办北京奥运会期间,整个筹备工作、赛事工作开展都离不开我国政府的大力支持。即将到来的2022年北京—张家口冬奥会,与2008年北京奥运会一样,备受我国政府的重视,在政府的大力推动下,2022年北京—张家口冬奥会必将是一次展现中国强大体育实力和国家实力的令世人难忘的盛会。

在当前我国重视建设"体育强国",大力推进"全民健身"计划的背景下,我国集中了大量的社会力量发展群众体育,我国社会大众体育意识不断增强,大众体育人口不断增多,这是政治对社会体育发展的重要促进表现。

（3）政治对体育发展的制约

在我国整个封建社会的发展过程中,体育的发展与政治因素具有密切的关系,政治因素的变化可导致一项体育运动项目发展的中断,甚至消失。

唐朝以后,我国世袭贵族制度（士族制度）逐渐崩溃,作为贵族运动的蹴鞠和马球失去了承载体和传习者,导致了蹴鞠和马球等竞技活动的突然消失。

同样是唐朝时期,围棋在当时获得了较快的发展,并远播到日本、韩国,是因为当时统治阶级和贵族十分推崇该项运动。但是,到了近代,我国内忧外患,有钱有闲的士阶级消失,围棋这一项具有闲情雅致的运动失去了传承群体,在近代走向衰落。

政治对体育发展的影响,在现当代社会表现得尤为明显,主要体现在政治对竞技体育运动赛事举办和参与的干预上。以奥运会为例,由于政治矛盾与冲突,历史上的多届奥运会都曾有过国家抵制参加的现象,也有因为战争因素导致奥运会不能如期举办的事情发生,这些都表现出了政治因素对体育的影响与制约作用。

## 2.体育对政治的影响

体育是一国和地区的重要文化现象,同时,也是全世界通用的肢体语言,其发展对政治具有重要的影响。

### (1)促进和平

古希腊时期,奥运会不仅仅是单纯的竞技比赛,也是非常重要的定期祭祀活动,备受重视。当时的古希腊城邦林立,战事连连,为了神圣的奥运会能够顺利开展,各城邦约定在奥运会比赛期间不得发动战事,古希腊奥运会开始前,就有庄严的使者被派遣到希腊城邦各国,宣布"神圣休战"时期开始。奥运会举办期间,任何人都不得发动战争,正在进行的战争也必须停止。古希腊奥运会的"神圣休战"宣示了它和暴力、战争的不相容。直到今天,国际奥委会仍旧会提议世界各国在奥运会举办期间不要采取军事行动。这正是体育对政治的重要影响,有利于解决国际争端,促进世界和平。

新中国成立之初,我国与美国之间政治关系的破冰正是通过"乒乓球外交"来解决的,借助于乒乓球运动上的相互交流与学习,直接促进了中美国家高层之间的对话。

现阶段,强权政治和霸权主义仍然存在,在国际经济贸易交往中存在大量的不公正和不平等,仍有不少大国在政治、经济、文化等方面以强凌弱,国际关系仍处于支配与被支配的不平衡的权利关系中。一些西方发达国家往往以自己的文明所具有的价值去衡量其他文化,排挤其他国家和地区的文化。奥林匹克之父顾拜旦在 1912 年发表的《体育颂》中说:"让世界各国人民相互热爱是天真幼稚的,但是让人民相互尊重却并非乌托邦的幻想。"奥林匹克运动强调尊重对手、公平竞争,为世界各国家与地区的平等对话提供了一个平台。

### (2)促进人权

尽管体育中的人权主义与 21 世纪国际政治价值观中的人权主义的具体表现形式不同,但二者殊途同归,相互影响。

体育参与是人的基本权利,世界范围内,奥林匹克运动关注人类社会的发展,《奥林匹克宪章》指出:"奥林匹克主义的宗旨是使体育运动为人的和谐发展服务,以促进建立一个维护人的尊严、和平的社会"。在国际社会中,发达国家在各个方面都拥有更多的话语权,目前还有许多国家没有自己的国际奥委会委员,许多国家只有参加活动的机会,而没有奥林匹克重大事务决策的权利,缺少发言权,为了更好地在全世界范围内体现体育参与的公平性,奥林匹克运动及其组织机构注重民主化、平等化发展。

在我国古代,早期的体育活动只允许贵族子弟参加,随着体育的不断发展,不仅原有的贵族的体育活动如投壶、围棋、蹴鞠在民间得到了广泛发展,民间的许多体育活动如拔河、百戏、舞龙、舞狮等也在宫廷中十分受欢迎,体育拉近了统治阶级与普通百姓之间的距离,在一定程度上实现了帝王将相的"与民同乐"。

新时期,我国重视发展体育健身事业,《中华人民共和国体育法》更是明确指出了每一个人都有参与体育的权利,体育参与是基本人权。现阶段,大众体育健身活动更是受到了国家各项政策与法规的支持。

(3)促进男女地位平等

我国古代封建社会,男尊女卑,女性的社会政治地位不高,女性社会地位的改变首先因为体育活动而得到了改善,在我国封建王朝的盛世时期,统治者政治开明,少数民族体育文化传入中原,少数民族中女性地位较高的思想也逐渐渗透到中原地位,女性在体育活动参与中拥有和男子同样的地位,有不少女性的体育技能甚至高于男性,这使得女性的社会地位大大提高,女性社会地位提高在骑马、马球、蹴鞠等体育项目上首先得到体现。

近现代竞技体育中,最初很多竞技体育项目都不允许女性参加,在最初的奥林匹克决策层没有女性,甚至禁止女性参加奥运会。在萨马兰奇等人的共同努力下,女性进入国际奥委会管理层。女性在国际奥委会中的地位受到承认,女性在体育决策、体育参与中的权利得到了尊重,性别平等在体育中得以充分展现。体育在全世界备受关注,女性在全世界范围内的地位也正在逐步得到提升。

## (二)体育与经济

### 1.经济对体育的影响

概况来讲,经济是体育发展的支撑。具体分析如下。

(1)经济为体育提供资金支持

体育活动的开展、体育事业的发展,均需要一定的资金支持。就竞技体育赛事的举办来看,任何一项体育运动项目赛事的举办都需要资金的支持,越是规模大、级别高的体育赛事,消耗的资金就越多,像奥运会这样的世界顶级赛事,其资金消耗更不是一般国家和地区的资金实力能够承受的。第1届奥运会的举办就差点因为资金不足而不能成功举办。据悉,在当时,侨居国外的希腊人积极募捐,提供了33.2万德马卡;亚历山大城的一名希腊出身的富翁,主动承担了纳菲亚运动场改建的全部开支,又经多方努力,第1届现代奥运会的举办经费才得以筹齐。此后的历届奥运会的举办的经费都是一个巨大的数目(表2-1),都是举办国家和地区需要面临的一个大问题。一些国家和城市甚至因为不能负担奥运会的巨大资金而放弃申办奥运会,一些国家和城市在举办奥运会之后负债累累,经济萧条,如第21届蒙特利尔奥运会产生高额的财政赤字,蒙特利尔用了整整30年才偿还完债务;第28届雅典奥运会使希腊负债本国GDP的112%,经济一蹶不振,一度濒临破产;第30届伦敦奥运会在欧债危机影响下,从一开始就面临资金不足的窘境;即将举办的第32届东京奥运会的经费预算不断超出成本预估,引起日本民众对奥运会"劳民伤财"的反感。如此可见,奥运会对资金的需求可见经济发展实力对体育的重要影响。

表 2-1　奥运会赛事资金投入(部分)

| 年份 | 届次 | 名称 | 耗资 |
| --- | --- | --- | --- |
| 1960 年 | 17 | 罗马奥运会 | 5 亿元 |
| 1972 年 | 20 | 慕尼黑奥运会 | 15 亿美元 |
| 1996 年 | 26 | 亚特兰大奥运会 | 20 亿美元 |
| 2000 年 | 27 | 悉尼奥运会 | 40 亿美元 |
| 2004 年 | 28 | 雅典奥运会 | 150 亿美元 |
| 2008 年 | 29 | 北京奥运会 | 420 亿美元 |
| 2012 年 | 30 | 伦敦奥运会与残奥会 | 89.2 亿英镑(约 113 亿美元) |
| 2016 年 | 31 | 里约奥运会 | 46 亿美元 |
| 2020 年 | 32 | 东京奥运会 | 预计 3 兆日元(约 268 亿美元) |

就体育健身来说,以我国为例,当前,我国大力发展和推广"全民健身计划",要真正提高人民群众的体育健身意识,鼓励人民群众积极参与到体育健身中来,并能顺利开展与实施各种体育健身锻炼活动,需要在体育宣传、体育教育、体育基础设施建设等各个方面投入体育发展资金,如果没有足够的体育资金投入,即便人民群众体育健身意识强、热情高涨,在没有必要的健身场地、健身器材的情况下,体育健身只能是空谈。

就体育产业与体育事业的长久发展来看,当前,我国社会经济发生了极大的变化,社会物质财富日益丰富,人们生活水平不断提高。体育消费需求日益增长,对此,要促进体育产业的发展,就应制定有利于刺激居民体育消费的政策,鼓励社会大众进行体育消费,为体育产业发展拓展市场发展空间。21 世纪,知识经济、网络经济、全球经济飞速发展,这为我国体育的发展提供了更多的经济发展条件与思考,体育发展离不开经济的发展。

(2)经济发展决定体育发展程度

在整个人类社会发展过程中,经济是影响人类社会发展的主要因素之一,经济既起到了推动作用也可制约文明的持续发展,作为人类的基本社会活动,经济是人类生存和发展的基础,处于支配地位。①

　　经济发展对体育发展的影响表现在方方面面，如体育赛事规模、体育产业市场环境、体育健身商业化发展程度等。

　　无论是在现代还是古代，体育作为一种发展性需要的活动，是人们在满足基本生存生活条件基础上的一种"享受"性活动，需要投入一定的时间、金钱、器材等，在古代，只有处于社会阶层上层的贵族才有钱、有闲享受这些运动项目，穷人为生计奔波，没有机会、没有金钱去接受体育教育和观赏体育活动。在现代，很多体育运动项目需要投入消费资金，如高尔夫、热气球、滑翔伞、专业登山与攀岩等，都需要投入大量的资金去购买专业体育用具、装备，普通工薪阶层很难有机会去接触这些投入成本高的运动。

　　对于专业运动员来说，一个运动员从开始接受体育运动训练到最后成材，需要一个家庭投入巨大的时间、精力、财力。聘请水平较高的教练员执教、采用先进科学的训练方法进行训练，使用专用的运动场地，这些都需要体育经费的投入，先进的科技需要一定的经济条件支持，通过各种新技术新发明能更有效地提高运动员的训练效果，而这些必须要有充足的经济支持。经济比较落后国家的运动员在简陋条件与环境中进行训练，训练效果自然一般。因此，没有良好的经济实力是很难培养出优秀的运动员的。一个国家的经济发展水平与该国家在奥运场上的金牌数量是具有正相关的关系的。

　　体育赛事举办是一项经济活动，尽管赛事筹办耗资较大，但是如果经营良好，能为赛事的举办城市和国家与地区带来良好的经济收益，这也正是大型赛事的举办权备受各国家、地区、城市关注与争抢申办的重要原因。奥林匹克运动的"公平、公正、公开"和"重在参与"也具有一定的实施局限性，但并非所有人都能参与其中，举办和参加奥运会，运动训练需要场地、设施支持，需要资金和技术投入，如果一名运动员没有在运动训练中获得大量的资

①　熊晓正等.奥林匹克知识读本[M].北京：人民日报出版社，2007.

金支持,如果一个国家、地区、城市不具备举办奥运会的经济实力,就不可能参与、举办奥运会。此外,从历届奥运会的举办规模、赛事物质环境来看,投入的资金越多,赛事规模越大、奥运村的物质建设越丰富与充足,经济水平直接决定了奥运会的规模和发展程度。

### 2.体育对经济的影响

#### (1)提高劳动力水平

体育是一种身体活动,其对个体的身心健康发展具有促进作用,能增强个人体质,而个体作为社会的重要成员,其参与社会经济生产劳动,在社会经济活动中扮演的是劳动力的角色,身心素质良好的劳动力往往具有较高的生产效率,可促进经济发展。

体育影响作用于作为劳动力的个体,表现如下。

①体育培养劳动力:个体经常参加体育锻炼,可形成良好的身体形态,发展运动能力,练就健壮体魄。

②体育增强劳动力:体育锻炼能改善人体系统功能,增强肌肉力量,使劳动者体力强盛、精力旺盛。

③体育保护劳动力:经常参加体育锻炼可提高劳动力对自然界的适应能力和抵抗疾病的能力,可以避免或减轻日常疾病、职业病的侵害。

④体育修复劳动力:体育锻炼具有医疗和康复作用,可促进患病劳动力的身心康复,消除劳动力的身心紧张状态,消除身心疲劳,恢复和保持充沛的体力和精力。

⑤体育延长劳动力寿命:科学参加体育运动可延缓人的衰老,维持机体功能,使劳动能力不致显著下降,延长劳动寿命。

#### (2)促进国民经济增收

2001年10月在北京召开的以"新世纪、新经济、新产业"为主题的中国国际新产业高峰会上,将体育与教育、文化、旅游等产业列为前景看好和亟待开发的十大行业。体育产业在国民生产总值中的比重将逐渐上升。

现代竞技体育蕴含诸多经济因素,体育赛事举办是一个庞大的系统工程,它会涉及多方面的经济合作,能够产生明显的经济效益,对于举办城市经济的发展具有重要的推动作用。在经济利益的驱使下,吸引了众多的商家投入其中,促进了体育赛事产业、体育企业、国民经济的发展,增加了社会财富。

随着社会的不断发展,人们对体育运动的需求越来越高,这在一定程度上增加了体育产业的产值。体育产业具有可持续性,它污染少,耗能少,与经济增长方式转变的需求相符合,是一种绿色产业。同时,在体育运动不断朝着社会化、职业化、商业化方向发展的过程中,体育产业在扩大内需、吸纳就业等方面发挥着越来越重要的作用,其推动国民经济的发展、成为国民经济发展新的经济增长点的特征越来越凸显(图 2-1、图 2-2)。

## 体育产业总体规模

单位:亿元(人民币)

图 2-1

## 2010-2017年我国GDP增速和体育产业增速

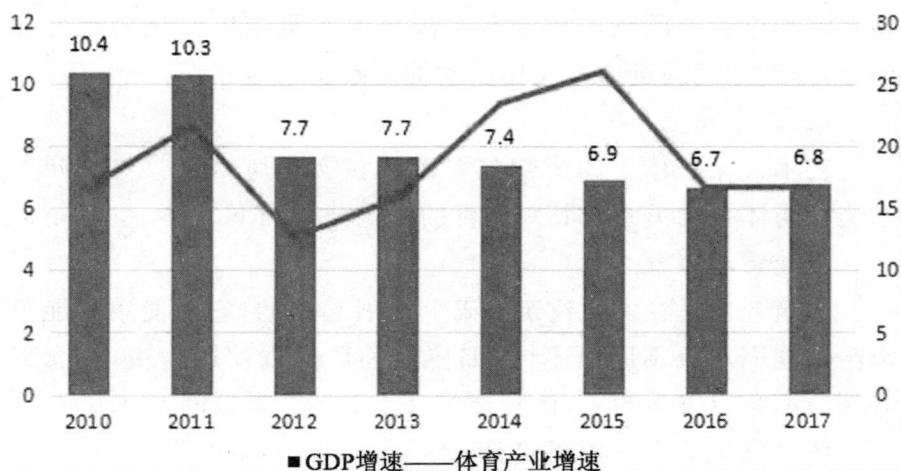

图 2-2

　　新时期,我国积极引导和推动社区体育工作的开展,构建全民健身服务体系、利用体育彩票公积金加强体育基础设施建设,使大众树立健康意识和健康消费观念等,为体育产业的进一步发展培育了庞大的体育消费群体,体育经济发展空间广阔。

### (三)体育与文化

**1. 文化对体育的影响**

　　体育本身是一种文化,作为文化的一种重要形态,整个社会的文化环境与氛围对体育文化的影响是非常大的。

　　(1)政策制度文化与体育

　　一个国家和地区的政策制度文化内容与发展方向对体育及其文化的发展程度、发展方向有着十分重要的影响和指导作用。

　　目前,国家政府大力推进精神文明建设,人们参与体育活动受到法律、法规的保护,良好的体育文化背景下,人民参与体育的热情和动机是良好的。

体育文化活动的开展过程中,会受到诸多要素的影响,在这样的情况下,常会出现一些问题或冲突,这是不可避免的现象。体育活动过程中问题的出现和解决需要政策制度文化的规范和引导,如此才能促进体育文化活动的不断发展与完善。

(2)艺术文化与体育

艺术文化对体育的影响主要表现在文化风格上。对不同艺术文化与体育的关系及其对体育的影响分析如下。

①建筑与体育

建筑艺术是在实用建筑基础上发展起来的,它的使用功能与审美功能因对象不同而不同,如住宅和厂房以使用为主,纪念碑和园林庭院以审美为主,体育建筑介于上述二者之间。

体育建筑能充分表现建筑艺术,很多体育场馆在建筑设计中都会突出与众不同性,独具巧思的体育建筑设计还会成为地标建筑物,承载重要的国家与民族文化意义与体育意义。例如,古希腊奥运建筑群,古罗马巨型竞技场,巴西马拉卡纳体育场,德国慕尼黑体育场,苏联列宁体育场,北京鸟巢体育场、水立方等。

②舞蹈与体育

舞蹈与体育是同源的,都起源于人类最初的生产劳动,舞蹈和体育逐渐脱离生产劳动发展成为两个相互独立的文化体系之后,二者仍然相互影响、相互渗透。

在表演舞台上,舞蹈是纯粹的艺术,但是必须区分的是,在民族民间中存在的民族民俗舞蹈更多的属于体育的范畴,学校体育课和团体操中的集体舞蹈是体育的一种重要表现形式。社会范围内流行的舞蹈样式、风格、特点等都会对体育范畴内的舞蹈内容产生重要的影响。

③音乐与体育

音乐是人类一种重要的文化表现形式,音乐与身体运动有着非常密切的联系,在很多体育活动中,音乐都是一个重要的构成要素。例如,广播操、团体操、艺术体操、花样游泳、花样滑冰、技巧和武术等都有音乐的伴奏。音乐以在时间上流动的音响为物质手段,将艺术美带入体育领域。

在体育运动中,音乐不仅能对运动者产生影响,如辅以音乐减少运动员的单调和枯燥感,刺激运动员的大脑兴奋、促使运动员更好地表达体育情感,也能通过音乐情感来感染和影响观众。

此外,还有专为体育活动而创作的音乐作品,极大地宣传了体育文化,如我国的《运动员进行曲》、足球世界杯会歌、篮球等体育俱乐部球迷协会会歌等。

④雕塑与体育

古代奥运会要给优胜者塑像,丹纳曾说:"在健身场上,在敬神的舞蹈中,在公众的竞技中,经常看到裸体的动作。他们所注意而特别喜爱的,是表现力量、健康和活泼的形态和姿势。他们竭力要使肉体长成这一类姿势。三四百年之间,雕塑家们就是这样地修正、改善、发展肉体美的观念。"公元前5世纪米隆做的作品《掷铁饼者》,至今仍被雕塑家们奉为杰出的艺术范本。

现代社会,在一些体育场所经常能见到体育雕塑,这种固态的体育物质文化表现形式承载了丰富的精神内涵,给人以美的享受。我国雕塑作品中表现竞走运动员的《走向世界》和表现射箭运动员的《千钧一发》被永久陈列在洛桑国际奥林匹克公园内。

⑤文学戏剧影视与体育

文学戏剧影视的题材是丰富多样的,体育是其中的一个重要题材和灵感来源。

文学可以描述体育生活,荷马史诗中有许多古代希腊竞技运动的资料;《诗经》中记载有不少传统运动项目雏形;《水浒传》的主角多是武艺高强的侠义英雄;中国古诗词曲赋中,也有很多描写古代体育活动的词句,近现代,武侠小说是非常受读者喜爱的一种文学题材。

戏曲是我国的传统艺术文化,在我国,文字"戏"字从"戈",并非偶然,戏剧武打来源自传统武术,旧时戏剧演员多有真实武功,演出多用真刀真枪,隋唐时期,民间传统戏曲广泛流行,武术与传统戏曲的互相影响和借鉴。宋元时期,杂剧、元曲中均有武打场面。明清时期,戏曲艺术形成包括"唱""做""念""打"四种元素的艺术体系,"做"和"打"都含有戏曲在表演上对于武术的应用。一些经典的题材,一些宏伟的场面,是戏曲与武术的高度融合。我国是一个多民族国家,不同地域居住的民族均有自己的民族戏曲、武术文化,各民族中的武术与戏曲艺术中的融合正是民族体育与民族戏曲艺术的完美结合。

现代影视作品中也有很多表现武术和以武术为主题的内容,如风靡世界的《少林寺》第一次让世界了解到中国武术文化,我国武打题材影视更是成为全世界认识中国、认识中国武术的重要途径。世界范围内也不乏优秀体育题材影视作品,如《火战车》(田径)、《女生向前翻》(体操)、《一球成名》(足球)、《摔跤吧!爸爸》(摔跤)等,这些影视作品宣传了运动员可贵的体育精神。

## 2. 体育对文化的影响

体育作为一种特殊的文化形态,它的发展可以促进整个社会文化环境的变化。

当前,我国大力发展体育事业,社会大众的体育健身意识不断提高,整个社会具有良好的体育文化氛围,人民群众的业余生活得到了丰富。

体育文化宣传和体育文化活动日益丰富的社会背景下,社会大众的民主意识、公平、竞争、合作等意识也在不断得到提高,可以说,体育及其文化发展在一定程度上促进了社会文明的进步。

## (四)体育与科技

### 1. 科技对体育的影响

科学技术是第一生产力,科学技术的发展极大地推动了人类社会的发展,其对体育的推动作用也十分明显。回顾现代体育的发展历史,科技的进步与发展已经成为体育文化发展的重要驱动力。具体如下。

（1）科技进步促进运动训练的科学化,高科技化。

（2）科技发展可促进体育器材、装备、场馆建设的发展。

（3）科技发展可以使得运动比赛更加公平公正,成绩抓取与记录更准确、及时(表 2-2)。

（4）科技发展可以促进体育文化的传播,包括体育赛事的全球适时电视、网络转播,以及体育文化史的数字化记录。

表 2-2　历届奥运会新科技的应用(部分)

| 届次 | 年份 | 新科技在体育中的应用 | 科技发明 | 相应科技出现年份 | 相差年数 |
|---|---|---|---|---|---|
| 5 | 1912 | 电子计时器和终点摄影 | 摄影 | 1875 | 37 |
| 9 | 1928 | 聚光镜点燃火炬 | | | |
| 11 | 1936 | 电视转播<br>电影记录 | 电视机<br>有声电影 | 1925<br>1919 | 11<br>17 |
| 16 | 1956 | 飞机传递火炬 | 飞机 | 1903 | 53 |
| 18 | 1964 | 通讯卫星转播比赛<br>电子计算机和电子计时装置协助裁判 | 人造卫星发射<br>计算机 | 1957<br>1946 | 7<br>18 |
| 19 | 1968 | 兴奋剂和性别检测 | | | |
| 00 | 1972 | 自动控制信息传播和处理<br>光电测距 | 激光 | 1958 | 14 |
| 21 | 1976 | 卫星传递火炬 | 通信卫星发射 | 1962 | 14 |
| 22 | 1980 | 着色火炬 | | | |
| 23 | 1984 | 大型电子信息服务系统 | | | |
| 25 | 1992 | 全能运动操作系统 | | | |
| 26 | 1996 | 计算机设计吉祥物<br>网络比赛信息查询 | 网络 | 1969 | 27 |
| 27 | 2000 | 连体泳衣(鲨鱼皮泳衣)<br>跳远平坑器<br>水下圣火传递、臭氧<br>过滤游泳池水<br>EPO 检测(血检、尿检) | 新材料<br><br>新方法 | <br><br>2000 | <br><br>0 |

| 届次 | 年份 | 新科技在体育中的应用 | 科技发明 | 相应科技出现年份 | 相差年数 |
|---|---|---|---|---|---|
| 28 | 2004 | "连体二代"泳衣<br>新型合成类固醇(THG)检测<br>生长素(hGH)检测 | 新材料<br>新方法 | 2004<br>2003<br>2004 | 0<br>1<br>0 |
| 29 | 2008 | 通讯、电子信息技术和计算机技术<br>新结构体系、新型建材 | 新方法<br>新材料 | | |

**2.体育对科技的影响**

体育对科学技术发展的影响主要表现在丰富多彩的体育文化活动实践、体育赛事活动实践为新的科学技术的发明、创造、应用提供了实例启发、提供了实验机会。体育发展需求是体育相关科学技术不断发展的重要内部驱动力。

**(五)体育与军事**

**1.军事对体育的影响**

(1)军事训练对体育内容的丰富

体育与军事具有非常密切的关系,这里重点从体育的发展历史角度来分析。

在古代,很多体育活动和体育项目都是从军事训练中发展而来的,从古到今,武器作战方式的演变,不断对士兵的身体素质及军事技能提出新的要求,在任何一个时期,军事训练活动都离不开身体训练,除了最基本的身体训练,士兵的身心素质、技能都是通过具体的技能学练来落实的,如射箭、射击、御车、骑马、马球、奔跑、投掷、武术格斗等。在和平时期,很多军事训练中不再开展的项目在民间保存并流传下来,逐渐发展成为日常体育运动项目。

(2)军事发展对体育规模的影响

军事发展对体育规模的最重要和最显著的影响是在古代。

在我国古代,体育运动与军事训练的内容往往是相通的,尤其是在全民皆兵的时期,军事训练与管理的范围拓展到全国,这与现在所倡导的全民健身有异曲同工之妙,只是古代的百姓体育活动内容对抗性更强、运动训练负荷更大,这主要是为战争储存军事实力,作为军备活动来开展的,而且,在奴隶社会和封建社会,这种全民皆兵的体育参与具有强制性、组织性。

（3）军事对体育活动开展的影响

军事活动不仅包括军事训练,还包括战争的发动。一个国家和地区发生较为激烈和较大范围的军事冲突后,其国内包括体育活动在内的一切社会活动的正常开展都会受到影响,在全世界范围内也不例外。

纵观奥林匹克运动发展史,由于受到世界大战的影响,共有以下三次奥运会停办。

1916 年第 6 届柏林奥运会,受第一次世界大战影响停办。

1940 年第 12 届东京奥运会,受第二次世界大战影响停办。

1944 年第 13 届伦敦奥运会,受第二次世界大战影响停办。

### 2.体育对军事的影响

早期的军事训练内容演变成体育运动项目,而体育运动项目也被选作为军事训练的重要内容。这一点不必细说。

### （六）体育与自然

体育与自然之间具有密切的关系,二者相互影响、互动频繁。以体育竞赛为例,体育对自然环境有如下影响。

（1）新修的公路、停车场、酒店等,需要占用大量土地,并可能在施工过程中对自然环境造成污染和破坏。

（2）使用清洁剂、杀虫剂对土壤和水的污染。

（3）使用电力和燃料而增加温室气体,对臭氧层的破坏（大量使用制冷设备）。

（4）竞赛期间,人员、汽车增多,可造成的大气污染（汽车尾气污染、汽车燃油废气污染)、噪音等问题。

(5)体育竞赛举办期间会产生许多生活垃圾,如果处理不当,会对自然环境造成巨大的破坏。

此外,自然对体育运动也有重要影响,表现如下。

(1)自然环境决定了不同地区的体育文化的产生,不同的体育具有不同的特点与风格,如内陆环境中产生的东方体育运动与海洋环境中产生的西方竞技体育。

(2)自然环境为具体的体育运动项目的开展提供一定的条件,如冰雪资源、阳光、沙滩、海浪等。

# 第三节　民族传统体育的社会影响与价值

## 一、民族传统体育的社会政治影响与价值

### (一)促进政治教育

现阶段,民族传统体育有利于巩固中国共产党在意识形态领域中的话语权与领导权,有利于加强和改进新的历史时期思想政治教育,促进整个国家和社会的凝聚力的提升,有助于促进我国民族的团结,对促进各族人民凝聚在一起,共同为建设我国社会主义和谐社会努力,有助于推动我国现代化先进社会和社会主义和谐社会的建设,有助于国富民强,提升我国综合实力。

### (二)促进政治交流

民族传统体育促进政治交流的社会影响与价值主要在我国古代存在,我国古代,广袤的疆域上有多个不同政治统治政权的时期,民族传统体育促进政治交流的作用明显,尤其是少数民族与汉民族政权之间的民族传统体育交流,极大地促进了彼此体育

文化、社会文化的互通有无,增强了不同民族政权之间的关系。

此外,我国封建王朝发展的鼎盛时期,我国的优秀民族传统体育项目还远传到国外,促进了我国体育文化的对外传播与交流,如角力、围棋向日韩的传播。

### (三)促进民族团结

中华民族在发展过程中,民族之间的融合性、地域性及文化统一等都随着时代的进步与社会的变迁而逐渐弱化,民俗体育的重要功能——增强民族认同感和凝聚力的功能就显现出来了,如端午赛龙舟最初起源于龙图腾的崇拜和仪式,之后与爱国诗人屈原紧密地联系在一起,增加了参与者、传播者的民族自豪感。

例如,赛龙舟、舞龙、舞狮、拔河等活动,其本身是集体协作项目,同时又是中华民族优秀的民族传统体育项目,享誉全球,这些项目文化活动及竞赛的开展,有利于民族之间的团结与协作,有利于提高人们的民族与集体意识,从而有利于民族认同感和凝聚力的有效增强。

## 二、民族传统体育的社会经济影响与价值

### (一)为国民经济与市场发展提供动力

体育在促进人的全面发展中具有重要作用,体育是促进人的全面发展的重要途径。因此,广泛开展民族传统体育运动具有重大的意义,它是构建社会主义和谐社会的必然要求,是先进社会生产力发展对体育工作提出的发展要求。

### 1.为经济发展提供劳动生产动力

正如前面所说,体育参与可提高劳动力素质水平,可以从生产力与经济发展的关系方面来促进经济的发展。人的健康素质

是经济建设和社会发展的物质基础。因此,世界各国都格外重视体育对发展劳动者体力的作用,增强人类的身体素质,提高基本活动能力,减少发病率,从而大大提高劳动能力。

中华民族传统体育具有广泛的群众心理认知基础和群众参与基础,民族传统体育可促进不同民族的劳动力的素质提高。中华民族要屹立于世界民族之林,就必须重视国民整体素质的提高,没有国民素质的提高,就没有国富民强,发展民族传统体育、鼓励各族人民积极参与各种民族传统体育活动,有助于民族素质,为实现中华民族伟大复兴的"中国梦"奠定基础。

2.增加体育就业机会,促进产业结构调整

民族传统体育还可以直接促进国民经济的发展,民族传统体育本身是一个包括体育健身市场、技术培训市场、无形资产经营市场、用品市场和旅游市场等多个领域的新型产业。民族传统体育产业还可以向社会提供更多的就业机会,有利于国家产业结构的调整,刺激和拉动需求,促进国民经济发展。

3.民族传统体育赛事为经济发展的创收动力

长期以来,我国重视与世界体育发展的接轨,大力发展西方竞技体育,通过参与和举办各种西方竞技体育运动项目来拉近我国与世界体育发展之间的关系,我国也由此发展成为世界体育大国。

近年来,随着我国政府对体育事业发展的重视,以及在建设"体育强国",增强"文化自信"等政策引导下,我国的民族传统体育获得了比以往任何时候都快速的发展,民族传统体育赛事也逐渐受到了社会的关注并逐渐增多,如少数民族传统体育运动会(表2-3)、全国运动会少数民族体育项目赛事、蒙古那达慕大会等,民族传统体育赛事的举办极大地丰富了我国体育赛事内容与类型,促进了我国经济的发展。

表 2-3　少数民族传统体育运动会

| 届次 | 年份 | 举办地区 | 举办城市 |
|---|---|---|---|
| 1 | 1953 年 | 天津市 | 天津 |
| 2 | 1982 年 | 内蒙古自治区 | 呼和浩特 |
| 3 | 1986 年 | 新疆维吾尔自治区 | 乌鲁木齐 |
| 4 | 1991 年 | 广西壮族自治区 | 南宁 |
| 5 | 1995 年 | 云南省 | 昆明 |
| 6 | 1999 年 | 北京市 | 北京 |
| 7 | 2003 年 | 宁夏回族自治区 | 银川 |
| 8 | 2007 年 | 广东省 | 广州 |
| 9 | 2011 年 | 贵州省 | 贵阳 |
| 10 | 2015 年 | 内蒙古自治区 | 鄂尔多斯 |
| 11 | 2019 年 | 河南省 | 郑州（尚未举办） |

**4.民族传统体育相关产品需求增多促进体育制造业发展**

随着民族传统体育越来越受到重视,民族传统体育爱好者不断增多,参与民族传统体育需要一定的体育器具、设备,市场需求的增大促进了民族传统体育制造业的发展,一些民族传统体育项目的火热还带动了以民族服饰、民族乐器等为制造内容的制造业的发展。

**(二)民族体育旅游业为国民经济增收**

我国民族传统体育内容丰富、种类多样,在我国当前良好的社会经济、文化、体育发展背景下,民族传统体育与民族民俗文化活动有机结合起来,再加上风景秀丽的少数民族自然生存环境、独具魅力的民族风情,促进了我国民族民俗体育旅游的发展。

现阶段,民族特有的风情、建筑、节庆、服饰、特色工艺品等。可开展秋千、爬杆、抛绣球、射箭、赛马、摔跤、歌舞竞赛等民族民俗体育旅游活动,极大地丰富了我国的体育旅游市场,为我国体育旅游市场的发展和旅游收入的增加奠定了良好的资源基础。

当前,在我国民族民俗体育旅游中,有以下两种旅游资源最受欢迎。

观赏类体育旅游资源:一些民俗体育活动每逢节日或遇到大型庆典活动时几乎都要举行。如果庆典活动比较大型,或节日比较隆重,相应的民俗体育活动也就要有宏大的规模与气势,在大型民族传统体育竞赛赛事和体育节庆活动中,体育旅游者通过观看精彩的体育活动和赛事,感受民族文化与风情。

体验类体育旅游资源:体育旅游者通过参与新鲜、好玩,技术难度又不高的民族传统体育运动,享受体育休闲与娱乐。

## 三、民族传统体育的社会文化影响与价值

### (一)丰富社会文化内容

文化是民族的血脉,是人民的精神家园。民族传统体育是传统民族文化的传承与发展,它蕴含着伟大的革命精神与民族精神。

无论是汉民族,还是少数民族的体育活动都是不同民族精神、民族文化的重要结晶。是我国社会发展过程中的重要文化形态,这些丰富多彩的民族传统体育活动使得我国的社会文化内容更加丰富。

### (二)为文化再创造提供灵感与素材

民族传统体育是一种文化,它本身也可以作为灵感与素材创造新的文化,如民族传统体育歌曲、舞蹈、影视作品等。它集中体现了当下爱国主义为核心的民族精神和以改革创新为核心的时代精神的完美结合。

### (三)巩固各民族共同的文化心理

民族体育文化是民族文化的一种重要表现形式与形态,其深

深地被打上了民族精神、民族风俗、民族习惯、民族性格等烙印。

在观赏、学习、参与民族传统体育文化活动的过程中,无论是否是本民族的成员,都能通过特殊的体育输出方式来感受到蕴含在民族传统体育中的民族文化。民族传统体育的直接参与者或间接参与者参与民族传统体育活动,能娱乐身心,享受精神生活,找到精神上的归属。

新时期,鼓励更多的人关注、参与、传承民族传统体育更有利于促进与维护村落或城镇的共同文化心理,提高各民族的团结意识,增强民族凝聚力、提高文化自信。

### (四)促进社会精神文明建设

#### 1. 实现民族团结

体育活动可以大大增强人们之间的诚信友爱,民族传统体育更是可以促进不同民族成员之间的情感交流,避免民族矛盾的发生,促使人们互帮互助,互敬互爱。

#### 2. 规范社会道德

体育具有丰富的文化与精神内涵,体育不仅仅是一种单纯的体能活动,它在随着社会文化发展的过程中,其精神文化方面的作用越来越突出。体育道德是人们据以调节体育生活及其行为的准则和规范。体育道德自律于人的内心,影响人的行为。

民族传统体育不仅能够锻炼人的体魄,增进人的健康,同时还能培养人的意志,陶冶人的情操。民族传统体育凝聚着不同少数民族的为人处事的智慧,在参与民族传统体育活动的过程中,会通过对民族传统体育活动规则、规范的认识,来规范着运动者的行为,培养着运动者的道德思想,使运动者形成了新的思想意识和道德观念。这对于提高人的道德水平和整体素质,构建和谐的社会氛围和环境十分有益。

### 3.引导正确价值观

价值观是人们对价值问题的根本看法,它是指人们对经济活动的价值判断或价值取向。在不同的价值观的引导下,会形成不同的价值取向。

文化是由人类创造出来的,人类所创造出来的民族文化是多元的,中华民族中的各民族传统体育文化根生于中华民族所生存的文化空间,融合了中华民族对人类、自然、社会、世界其他民族和文化的看法、观点,是具有典型民族特色的民族文化,其中反映了中华民族共同的价值观。

以平等民主的价值观引导为例,民主象征着社会的进步,是社会公德和法律要求的具体体现。不适应社会需要的民主意识和民主行为,将受到社会公德和法律的约束和限制。

参与体育活动能使人注重平等。从体育活动所包含的内容和要求来说,它不分性别、肤色、种族和信仰,更不分贵贱和贫富,人人都可以参与,人人都可以拥有。民族传统体育是各民族的文化代表,"百花齐放",每一种民族传统体育都有其独特的文化魅力。

在我国民族大家庭中,不同民族之间相互交流、学习,无贵贱之分,只有特色的不同,丰富多彩的民族传统体育内容体系构建了一个使每个人都乐于接受、使每个人都乐于接受的模式,在这种平等的意识里,各民族的尊严、各族人民的权利真正得以展现。各族人民都是中华民族的重要成员,缺一不可,彼此平等、民主,共同构建各民族共同发展的现代化社会。

我国是一个有着56个民族的国家,要想实现民族繁荣、国家发展,就必须巩固和发展平等、团结、互助的社会主义民族关系,实现各民族共同奋斗,共同发展。

总之,民族传统体育具有深刻而广泛的社会意义,关注、参与、传承民族传统体育及其文化,对于促进我国各民族安定和谐,共同建设社会主义美好家园具有重要的意义。

# 第三章　民族传统体育的内涵研究

　　民族传统体育具有丰富的内涵，了解其内涵对在新时期更好、更加完整和全面地开展民族传统体育活动、传承民族传统体育文化具有重要的指导作用。本章主要从物质文化、精神文化、制度文化三个维度对民族传统体育的文化内涵进行分析与研究。

## 第一节　民族传统体育的文化属性

### 一、民族传统体育的本质属性

　　从本质上说，民族传统体育是一种社会文化，是社会文化的重要组成部分。我国民族传统体育具有各民族文化的烙印，"十里不同音，百里不同俗"，民族文化差异性在我国民族传统体育中有显著的表现。整体来看，我国南方民族擅长划船，北方民族喜欢骑马，除此之外，即便地区和体育项目都相同，但在运动方式与方法上存在很大区别。地方特点在持续汇聚、逐步融合的基础上，会逐步发展成具有显著地域特色的文化景象。

　　作为一种社会文化形态，民族传统体育充分表现出了我国不同民族在生产方式、生活技能、社会风尚等方面的巨大差异，也正因如此，才构成了我国民族传统体育内容多元、形式多样、丰富多彩的民族文化和体育文化体系。

## 二、民族传统体育的文化属性

### （一）生产性

人类文化的产生可以追溯到人类早期的生产生活，因此，作为一种社会文化，民族传统体育源自人类早期生产，具有文化生产属性就非常容易理解。

在民族传统体育文化的产生与发展过程中，人类早期生产活动是重要的文化雏形的培养土壤。一些特殊的具有技巧性的用于生产的身体活动最终发展成为民族传统体育。

民族传统体育文化的生产属性与生产方式、生产工具密不可分。以游牧打猎为生产方式的地区为例，这里的民族生产活动中，弓箭、马牛羊是主要的生产工具，其中，马匹是游牧民族进行生产必备的生产工具，由此逐渐产生了"马上文化"，产生了马上民族传统体育运动项目，如赛马、骑马射箭、骑马叼羊、马球等。在以打猎为生的民族中，如鄂伦春族，经常参与狩猎业的生产，在日常生活中，鄂伦春族常从事的体育项目也离不开狩猎活动，主要体育项目有赛马、斗熊，鄂伦春族的骏马、猎枪、猎犬更是世界闻名。

综上所述，生产性是民族传统体育最基础的文化属性。

### （二）生活性

生活是创造文化的源泉，人类所有文化的创造都是从日常生活中获得灵感的，人类文化的发展也会受到人类生活环境的影响。

人类社会早期，生产与生活密切联系在一起，各种身体活动使得早期人类能从自然中获得一些必要的生存资料，这些生存资料首先要满足人们的日常生活（饮食、居住、求生）需求，然后再将一些日常生活中制造的工具用于狩猎、游牧、耕作等生产活动，在拥有了一定的生产生活资料之后，人们的基本生活需求得到满足，然后会寻求精神上的满足，即开始从事一些欢庆丰收、祈祷祭祀等活动，这些具有原始宗教性质的身体活动就是早期民族传统体育活动的雏形。

伴随着人类社会发展与文明进步，一些身体活动脱离生产需求，成为独立的体育文化现象，在丰富人们的业余生活中发挥了十分重要的作用。

在现代社会，体育的生产性已经完全消失，但其在人们生活中仍然发挥着重要的作用，成为广大群众生活中的核心与文化主体，少数民族传统体育在不同民族的日常娱乐生活中发挥着重要作用，尤其是民族重要节日中，给人民群众营造了节日气氛、带来了节日快乐。

### （三）哲学性

民族传统体育是我国优秀的文化，作为社会文化的一种，其与我国其他文化相互影响共同发展。我国哲学研究学者普遍认为，中国哲学属于类型保持型哲学，强调直观、内省和宏观调控。中国传统哲学价值观、哲学思想对我国体育文化具有广泛、深入的影响。

我国民族传统体育文化中，汉民族的传统文化更为系统化，受我国主流传统文化影响较大，因此，这里重点以汉民族的传统体育为例，对民族传统体育的哲学系统进行说明阐析。

汉民族传统体育受我国中原地区普遍的传统哲学文化影响较深，古人对自然的朴素的哲学认知，探究人的发展与自然发展之间的关系，形成的朴素的哲学观、世界观都对民族传统体育产生了重要影响。在汉民族传统体育文化中，武术文化是一个典型代表，武术文化中蕴含了丰富的哲学思想内容，武术文化与中国古代哲学思想高度融合，武术的诸多内容与形式都与生命哲学息息相关。在我国哲学体系和思想影响下，我国武术表现出深刻的哲学思维方式，如一元论、天人合一、阴阳、八卦、五行、形神兼备、内外兼修等。

我国民族传统体育的哲学内涵与西方竞技体育思想形成了鲜明的对比,我国民族传统体育是具有代表性的东方体育文化,具有保守性,体现出"中庸""顺其自然",而西方竞技体育追求"竞争""超越",我国民族传统体育注重对运动价值的探讨,是从东方人体文化学的观点看人体运动的,体现出东方文化智慧。

### (四)认同性

民族传统体育作为一种文化现象,蕴含了丰富的民族精神、民族思想,在各民族内部,共同的民族文化是民族的文化象征,是民族血液中流淌的民族精神的表现,世代传承发展。如在长期的民族体育活动中形成的蒙古族的搏克、维吾尔族的且里西、藏族的摔跤,因为民族起源有所区别,所以表现形式存在着很大的差异性,因此具备了象征各民族的符号作用。在共同的民族文化中,民族成员之间是亲近的、彼此理解与认同的。

就整个中华民族来看,各民族传统体育内容丰富、形式多样,但其受中国传统文化的影响,各民族传统体育文化之间具有文化共性,体育作为构建文化的一个重要环节,对于民族文化认同具有符号意义,同时还拥有民族文化形象意义。在中华民族文化长期影响下,逐步产生的同时具备技击意识与健身观赏功能,和其他民族存在很大差异的体育项目之一。中华武术渗透着明显的东方哲理内涵,是与世界上其他民族文化,如阿拉伯民族、日耳曼民族、波斯族等具有完全不同的民族文化内容、风格、特点。

正是民族传统体育文化中共同的民族性格、风格、特点,才使得中华民族作为一个大家庭能紧紧凝聚在一起。

### (五)封闭性

民族传统体育的形成是在特定的民族文化基础上形成的,而民族文化的形成是在一定的区域内形成的,正是因为各个民族先人们生产生活的地区不同，才形成了不同的文化，进而形成民族，并产生民族文化、民族体育文化，不同区域之间的相对封闭性，在自然环境、农业经济、血缘关系、宗族关系等要素的影响下，不同民族彼此在早期民族文化的形成中没有交流，才使得各个民族之间的民族文化具有鲜明的不同风格与界限。

区域文化之间的相对封闭，促进了不同民族文化能在最大限度地保留原有文化内涵和形式的基础上进行传承，形成"原汁原味"的传承与发展。

中国传统文化具有封闭性，所以导致中国传统体育同样具备封闭性特征，某些体育活动通常只是在少数人中间传播，各少数民族的传统文化以及同一民族的传统文化都具有鲜明的特征。以陈家沟太极拳为例，由于陈家沟地理环境闭塞，使得陈家沟太极拳仅在有限范围内发展，鲜少与其他拳种交流，最终产生了别具特色的太极风格。

在这里需要特别指出以下两点。

第一，民族传统体育文化的封闭性有助于保持民族传统体育文化自身最原生态的传承，但是这种封闭性也具有一定的弊端，即一些民族传统体育文化在固定的区域内流传，随着该地区的人员的外迁，本地年轻人对民族传统体育文化的学习的减少，会导致一种民族传统文化的逐渐失传。

第二，随着现代社会的发展，我国很多民族之间积极展开了借鉴活动、吸收活动以及交融活动，这不仅对我国各民族文化有促进作用，同时还逐步发展成了文化价值观相同的多元一体的文化格局。不仅是我国，全世界范围内各个国家、民族、地区之间的交流日益频繁，文化冲突与交流、借鉴增多，这一方面可促使世界民族传统体育文化的相互尊重、多元共同发展；另一方面，也在一定程度上逐渐消磨了彼此不同民族传统体育文化之间的鲜明的界限，可导致不同民族文化的趋同性增加、独特文化个性减少。

### （六）观赏性

观赏性是体育的基本属性之一，体育美是多方面的，如造型美、运动美、精神美等。

我国民族传统体育文化中的许多体育运动项目竞赛、体育文化表演都具有较高的观赏性。民族传统体育比赛中，民族传统体育所展现的公平公正的比赛气氛以及运动美的审美意境本身就是一幅丰富多彩的文化景观，再加上不同运动者通过自身努力，将精湛的技术、拼搏进取的精神充分地体现出来，可以引发观众对民族传统体育文化、体育精神、民族精神、运动员拼搏精神的共鸣与思考。

我国许多少数民族的传统体育文化更是与当地的民俗、节庆有机结合在一起，每每举办大型的民族传统体育文化活动，都会吸引当地以及外地的人前来观摩。

### （七）娱乐性

我国丰富多彩的民族传统体育文化活动都是各族人民群众喜闻乐见的文化活动内容与形式，在轻松愉悦的环境氛围中愉悦身心，具有较强的娱乐属性。

自娱自乐的活动方式、自由自在的活动方式、游戏的活动方式，是我国民族传统体育文化的主要活动方式与特点，这些活动方式能吸引人们，满足人们的身心需求和情感需求。民族传统体育的娱乐性主要通过身体技能性、谋略性、机遇性表现出来。

首先，各种民族传统体育活动有一定的技术要求，在民族传统体育技能学练、展示过程中会有各种快乐、有趣的现象发生，具有显著的自娱性与娱他性。

其次，各种民族传统体育活动对运动参与者的谋略与心智水平有不同程度的要求；能够使人们的体能、情感得到充分抒发与宣泄，最终达到释放身体能量和心理压力的目的，可实现放松身心、愉悦身心的效果。

最后,各种民族传统体育活动的开展,通常会形成民族集聚的盛会,很多少数民族通常都会欢聚一堂,参加各种娱乐活动,为人们提供了释放自我、表现自我的机会与平台。

### (八)多元性

民族传统体育文化具有多元性,具体表现在它尊重不同国家、地区、民族的不同文化。民族传统体育文化的多元性是民族传统体育的重要特性。

我国民族传统体育文化表现出与世界其他民族传统体育文化不同的特点,在我国各民族之间,彼此的民族传统体育文化内容、风格、特点也各不相同,构成了我国丰富多彩的民族传统体育文化体系。

### (九)互动性

我国民族传统体育既是相互独立的个体,同时又共同构成了中华民族传统体育这一体系。在中华民族传统体育文化体系中,各民族体育文化元素相互碰撞、交流、互动。

民族传统体育的互动性特征主要表现在以下两个方面。

第一,民族传统体育主体之间的互动。主体在参与民族传统体育活动时会在许多方面有所互动,如在集体性竞技运动中同队队友之间在场上、场下的交流与互动;运动者与观众的互动;观众之间的互动等。

第二,民族传统体育内容之间的互动。在一些民族传统体育活动中,活动内容之间的互动使它们在形态上相似而使迁移有了某种互动的可能,可以说是活动的主体在其互动过程中对活动内容认识后的结果。不同的运动形态有其项群特征,表现出一定的相似性,如不同狩猎民族之间的马术、射箭;蒙古族摔跤与藏族摔跤;汉族武术、拳术与少数民族的武术、拳术。这种互动源于不同民族传统体育项目技术和形式的互通性。

# 第二节　民族传统体育的物质文化内涵

## 一、文献典籍

文字是人类最伟大的发明之一，文字的出现使得人类文明有了主动的文化记录，在人类社会的漫长发展历史中，文字自从被创造出来后，就承担了人类文化传承与发展的重要角色，从文字产生以后，人类相关活动均可以用文字记载并传承下来，可以说文字有效记录了人类文明并推动了人类文明发展。

### （一）古代文献典籍

我国历史源远流长，许多内容都能在文献典籍中找到，同时某些内容会在历史不断变迁的情况下，丧失存在的合理性，最终变成历史遗产。由此也更凸显出古代文献典籍的可贵。因此，积极挖掘与整理文献典籍中的包括民族传统体育在内的人类早期文化内容，对于现代人更好地了解社会文明史、了解古代文化具有重要意义。

我国一直都很重视民族传统体育文化的挖掘与整理工作，截止到现在，和民族传统体育相关的文献数不胜数。

关于民族传统体育文化最早的文献典籍主要出现于我国春秋战国时期，例如，《周礼》记载了出现时间最早的考核乐舞、射、御的相关内容；《礼记·月令》记载了五戎和马政；商代《尚书·洪范》出现了"寿""康宁""考终命"的概念；《六韬》对兵种选拔制定了详细规定；《汉书·艺文志》记载了各种和兵相关的著作；《战国策·齐策》记载广大民众吹竽鼓瑟、击筑、弹琴、斗鸡、走犬、六博、蹴鞠等体育运动。古代很多统治者也是体育运动的爱好者，如"赵文王喜剑，剑士夹门而客三千余人，日夜相击于前"（《庄子·

说剑》)。此外,古代由于战争需要,在相关体育项目产生之前,就已经有了相关的体育技能,这些技能水平常被看作是一个国家和民族"战斗力"的实力表现,如春秋诸侯争霸,诸侯各国为了在各战事中取得胜利,统治者积极备战"兵务",有诸侯各国在全国招募有"拳勇股肱之力,筋骨秀出众者"(《国语·齐语》)。《管子·小匡》记载:为使齐国强盛,宰相管仲实行兵制改革,寻找军事人才,优胜者充军,出色者封武官。

在漫长的历史发展过程中,不同时期的文献著作从不同角度记录和反映了我国民族传统体育文化的发展。例如,东汉时期李尤编著的《鞠城铭》对竞赛场地规则进行了详细记载与阐析;也有文献典籍对民间体育活动的开展形势进行了描述和记录,如《史记·太史公自序》中写道"非信廉仁勇,不能传并论剑,与道同符",习武练剑,"内可以治身,外可以应变,君子比德矣"。汉朝时期,有了武术理论典籍,如收录了《手搏》6篇、《剑道》38篇的《汉书·艺文志》,论述习武者"非信廉仁勇,不能传并论剑,与道同符"的《史记·太史公自序》等。明代汪云程的《蹴鞠图谱》,是我国古代相对完善的蹴鞠教科书,详细记录了当时的蹴鞠开展状况与水平。

此外,我国其他一些与体育相关的文献中也从侧面记录和再现了我国民族传统体育的发展过程,如《黄帝内经》对医学、养生的多角度论述,为古代体育养生学家奠定了坚实的理论基础;《汉书·艺文志》中,《黄帝杂子步引》《黄帝岐伯按摩》等记载了西汉之间的导引术著作;齐放梁的《马槊谱》《马射谱》等著作,陶弘景的《养性延命录》《导引养生图》等著作,孙思邈的《千金要方》《千金翼方》等著作,宋末年官修的《圣济总录》,宋人的《八段锦》,刘完素的《摄生论》,明代的《寿世保元》;清代的《勿药元诠》等,均有涉及民族传统体育活动的内容,被列入到民族传统体育的范畴。

我国丰富的古代文献典籍为现代民族传统体育研究学者研究古代民族传统体育文化提供了重要的文字参考。

### （二）近现代史料、著作

近现代，和民族传统体育相关的史料典籍更加丰富，史料典籍的主要形式分别是图谱、秘笈、专著、论文、史料、地方志等，这些文献典籍为后代研究民族传统体育发挥了突出作用。

1990 年，由原国家体委文史委员会和中国体育博物馆编著的《中国民族传统体育志》一书，是有关各民族体育的大百科全书，该书涉及 977 条民族传统体育项目，对现有的所有被挖掘的有文字记载的、口口相传的民族传统体育进行了记录、分类，介绍了不同民族传统体育项目的起源、发展、内容、形式、规则、成绩、传承等情况。

近年来，很多民族传统体育工作者都认识到民族传统体育是一种隐含丰富文化因素内涵的体育运动，应从历史和文化两个角度去研究。[①] 在国家重视民族传统体育文化挖掘与整理的背景下，我国学者发布和出版了一大批民族传统体育学术作品，如《中华民族传统体育志》（1990 年，广西民族出版社）、《中国武术文化概论》（1990 年，四川教育出版社）、《中少数民族文化通论》（1995 年，中央民族大学出版社有限责任公司）、《武术学概论》（1996 年，人民体育出版社）、《少数民族传统体育与文化传承》（2009 年，中央民族大学出版社）、《民族传统体育集锦》（2009 年，北京体育大学出版社）、《民俗学概论》（2011 年，北京大学出版社）、《中国少数民族传统体育》（2011 年，贵州民族出版社）等，另外，民族传统体育和区域化民族传统体育文化的相关著作也逐渐增多，如《乌江流域民族传统体育文化通融性考论》（2018 年，中国社会科学出版社）、《中国民族传统体育学》）（2018 年，科学出版社）、《尚武精神的消逝：社会变迁下的民族传统体育文化记忆与传承》（2018 年，北京体育大学出版社）等，民族传统体育的发展研究有了更多的理论成果。

---

① 张选惠.民族传统体育概论[M].北京：人民体育出版社，2005.

整体来看,我国幅员辽阔,少数民族传统体育丰富,但当前我国民族传统体育的研究存在一定的局限性,研究方法较单一,研究层次不深,同时,缺乏实证与辩证相结合的深层次思考,少数民族体育研究的质量与层次都有待加强。[①]

### (三)新时期数字化资料

当前社会进入信息化时代,许多文化都可以用数字方式进行复刻、表达,信息社会更多被挖掘、整理的民族传统体育文化都可以通过数字化的光盘、视频、音频、动画模拟等再现出来,这是现代社会用高科技来记录历史、记录文化的新形式,也为以后的民族传统体育的研究可以提供参考资料。

## 二、器材器具

### (一)早期骨器与石器

人类社会早期,缺乏生产工具,人们徒手与野兽搏斗,并充分利用身边的一切自然资源制作工具,拿起石头、木棒与野兽搏斗,通过一些日常与野兽进行抵抗的技能动作(拳打、脚踢、躲闪等)和原始工具(石头、木棒、兽骨等)形成了最初的劈、砍、刺等技能。这些技能是民族体育的雏形。

人类最早被发现的文字就是甲骨文,是记录在动物的骨(主要是龟甲、兽骨)上的文字,另外,人们还用骨制成骨针、骨锥、骨叉、骨角加工的矛等,这些也说明了早期骨在人们生产生活中的作用。骨是最早的生产生活用具和体育用具。

据考古发现,在旧石器时代晚期,大量石器工具(石器、石球、石斧、石铲等)不断出现;新石器时代,人们的生产工具更加丰富(出现石刀、骨制鱼叉、箭镞、铜钺、铜斧等工具),各种工具的制作

---

① 王红志.近10年我国少数民族传统体育发展研究评述[J].当代体育科技,2019,9(7):210.

发明使人类的砍、劈、击、刺等技术不断成熟，为早期人类体育技能的产生发展奠定了重要技术动作基础。

另据考古发现，在距今约四万年前的许家窑人遗址中发现了大量的石球，有专家认为，这些石球并非是用于攻击野兽的攻击器具，而是用于日常娱乐所用石球，这说明石球由击伤或击倒野兽的功能转向娱乐功能，产生了扔石球活动。此外，在西安半坡村人的儿童墓葬遗址中也出现了很多石球，据考古学家研究证实，这些石球很可能是儿童生前的游戏用球，是"石球"游戏出现于母系氏族社会时期的重要依据，扔石球是早期人类的一种体育活动内容，这些石球是当时人们体育活动的重要见证。

总之，人类早前的骨制与石器器材都为早期体育技能的形成奠定了物质基础。

## （二）其他体育器械

我国民族传统体育内容丰富、项目多、种类多，不同的民族传统体育项目会使用到各种不同种类、材质的体育器械，这些器材也凝结了各民族先人的智慧，是民族传统体育文化创造的重要见证。因此，运动器材与器械设备是民族传统体育物质文化的重要研究对象。

民族传统体育项目众多，所使用的体育器械也各不相同，这里仅就以下几种代表民族体育项目（类）分析阐释。

例如，最早在人们生产生活中出现的刀、枪、弓、箭等器械，都是我国祖先在生产劳动中逐步创造出来的，这些器械有很大一部分在随着社会的发展过程中脱离了生产生活与战争，最终发展成为民族传统体育运动器材以及器械设备。

再如，风筝是中国优秀的民族传统体育运动，风筝普及范围涉及全国各地，是一项深受全国人民热爱的项目，早期风筝的称呼、制作、风格在各地也不同。称呼方面，风筝在北方称"鸢"南方称"鹞"，在地域性的作用下，不同地域风筝风格差异明显。北京风筝庞大，画工豪放；哈氏风筝小巧，画工淡雅；天津风筝造型逼真、不能拆装折叠;潍坊风筝工艺精美、浑厚淡雅,不同地区的风筝与当地艺术有机结合在一起,形成了具有区域文化特色的风筝类型,表现出极高的艺术水平和不同的艺术风格。

再如,龙舟竞渡项目是我国南方水域较多的地区居住的民族非常熟悉和喜欢的一项民族传统体育运动项目。龙舟是龙舟竞渡项目中最重要的一个体育器具,在古代,龙舟竞渡还经常与祭祀活动结合在一起开展,所用的龙舟白船体、龙头、龙尾、各种装饰以及锣鼓等共同构成了龙舟运动的器材设备。在不同的地区,龙舟的形状、规模以及配备器材、配饰等有着很大的不同,如广州西江鸡龙舟龙头、广州东江大头狗龙舟龙头、湖南汨罗市的龙头、贵州清水江苗族制作的龙头、贵州施秉县无阳小河村制作的龙头、西双版纳的龙头就存在着很大的差异;不同地区在龙舟装饰方面同样存在着很大的差异,找出不同地区在龙舟装饰方面的共同点和规律性内容很难,这些不同也正彰显了不同地区、民族的龙舟运动文化的不同,是研究不同地区、民族龙舟体育文化的一个重要切入点和重要物证。

综上所述,体育运动器械可以说是物化的文化,承载着不同时期、不同地区的民族传统体育文化的发展特点与程度。

## 三、出土文物

### (一)石器

人类社会早期,在石器时代制造了各种石器用于生产生活,也用于体育娱乐,从考古出土的石器中可以了解石器时期我国体育的发展,前面已经详细分析,这里不再赘述。

### (二)陶器

我国古人善于制陶,陶器在人们的日常生产生活中发挥了重要作用。

在我国朝鲜族居住的地区,曾出土过许多精美的陶罐,一些陶罐是朝鲜族人们的顶罐走活动中所用到的,还有一些精美陶罐是贵族的艺术品,这些陶器反映了当时人们的日常生活、艺术品位和体育生活情况。

兵马俑是我国和世界文化的一项大发现,被誉为"世界第八大奇迹"。1974年,在我国陕西省西安秦始皇陵附近,考古发现秦始皇陵兵马俑,仅一号坑就出土了陶质卫士俑和陶马6 000余件,探明二号坑有兵俑4 000件。近万件陶质战俑,细化为步、弩、车、骑4个兵种,再现了当时秦军的武器装备配置之完备和精良。也从侧面反映了当时统治者重视军备、重视军事训练和体育技能发展的历史事实。

## (三)壁画

绘画艺术是我国古人很早就掌握的艺术,我国古代绘画艺术水平是极高的,很多地方出土的壁画历经千年仍色彩鲜艳、线条流畅,充分地反映了当时当地人们的生产生活。

民族传统体育产生时间相对较早,是人们在生产生活过程中逐步产生的,古人的绘画产生于语言、文字之前,甚至文字也是由各种图画演变形成的,在人类最早期,人们必须借助身体语言才能高效完成狩猎、采集、沟通,并用画的形式来记录和体现当时的生产与生活。图画形式是记录早期人类生活与身体活动的重要形式。

除洛阳以外,中国科学院考古研究所于1953年在西安"半坡遗址"内发现的石球,是"石球"游戏出现于母系氏族社会时期的重要依据,由此能够推断出原始社会后期是蹴鞠活动起源时间。

李重申、李金梅等在《敦煌莫高石窟与角抵》一文中指出:"西陲敦煌所保存的壁画和藏经洞发现的白描和幡画中,……都有角抵的各种珍贵资料。"许多石窟中均绘有古人使用弓箭参与习武、竞赛、作战、骑射、射猎的行为。出土的文物、岩画、壁画等,都是民族传统体育深刻内涵的有力佐证,是研究民族传统体育文化的重要资料。又如,举世闻名的广西左江崖壁画,出现了类似的铜鼓以及竞渡的形象,说明了当时这些地方的龙舟竞渡活动开展情况。

### (四)其他文物

1998 年 1 月,洛阳战国墓中出土了长 27.4 厘米、宽 52 厘米、厚 11.5 厘米的铜牙,矛上铸有"越王者旨于昜"字样。

20 世纪 70 年代初,在江川李家山发现铜鼓,是古滇人举办过秋千活动的重要依据。

广西贵县罗泊湾汉墓的 1 号墓出土铜鼓,证实了当时就有龙舟竞渡活动。《后汉书》也有关于广西地区铸造和使用铜鼓的记载,至今,铜鼓习俗仍在广西少数民族地区流行。

## 四、民族服饰

### (一)汉民族服饰

民族服饰是构成体育文化的关键部分之一。汉族是我国人口最多的一个民族,汉服,又称"汉装""华服",相传为黄帝所制,《易·系辞》称"黄帝尧舜垂衣裳而天下治"。汉服的主要特点是交领、右衽、束腰,绳带系结,洒脱飘逸,汉服有礼服和常服之分,又分多个形制。如"上衣下裳(裙)"制、"深衣"制(上下缝连)、"襦(短衣)裙"制等。汉民族文化历史悠久、内涵丰富,一些服饰历经改革,不同时期的服饰各具特点。历史上"胡服骑射"对服饰的改革更有利于当时的人们更加利落地从事骑马、射箭活动,是早期反映服饰与民族传统体育密切关系的最具代表性的历史事件。

发展到现在,汉民族的服饰多为现代服饰,更方便从事各种体育活动。但在一些特殊的节庆日,人们也会专门着古装从事传统民族体育活动(如投壶、围棋),或穿专门的表演性服装从事相关民族传统体育活动(如舞龙、武术)。

### (二)少数民族服饰

我国各少数民族均有属于本民族的重大节日。民族传统体育绝大多数均和节目有着密切联系,举行时间均为相关节日的时间。在节日节庆活动中,各少数民族群众常常会穿别具一格的民族服饰(表 3-1),演奏具有浓郁民族风情的音乐来参与民族传统体育运动,少数民族各具特色的服饰反映了少数民族的性格,也为民族传统体育活动增添了民族特色。

2008 年,共 15 个民族的民族服饰列入国家级非物质文化遗产名录。可以说,少数民族服饰是少数民族文化和体育文化的重要构成内容。

表 3-1  我国少数民族服饰特点(部分)

| 民族 | 服饰特点 |
|------|---------|
| 蒙古族 | 包括首饰、长袍、腰带和靴子,2012 年,蒙古族发布中国民族首个地方标准,即《蒙古族部落服饰》 |
| 满族 | 分旗装与马褂 |
| 苗族 | 不同地区服饰差异明显;女子典型服饰是短上衣,百褶裙,苗绣、银饰是苗族服饰的重要特色 |
| 壮族 | 男装多为破胸对襟唐装,女装是一身蓝黑,头上包巾,腰系围裙 |
| 白族 | 崇尚白色,衣物以白色为贵,配色彩披挂 |
| 土家族 | 男子穿琵琶襟上衣,缠青丝头帕;女子着左襟大褂,着镶边筒裤或八幅罗裙,装饰金、银、玉质饰物 |
| 维吾尔族 | 男子穿绣花衬衣,没膝"裕袢",外系腰带;女子穿连衣裙,外套绣花背心。男女头戴绣花小帽 |
| 彝族 | 服饰款式繁多。男女上衣右开襟,紧身,绣彩色花边,披斗篷"擦尔瓦"。下装男子穿裤,女子穿百褶裙 |
| 回族 | 服饰主要标志在头部。男子戴白色圆帽,女子戴盖头 |

| 民族 | 服饰特点 |
|------|---------|
| 锡伯族 | 男子长袍,女子及脚旗袍 |
| 怒族 | 男子穿敞襟宽胸、及膝麻布袍,腰系布带或绳子;女子穿敞襟宽胸、及踝麻布袍,衣摆接口缀红镶边布或加围裙,佩戴珊瑚、玛瑙、贝壳、银币等饰品 |
| 傣族 | 男子穿小衫,长裤,包头;女子穿长筒裙和短衫 |
| 哈尼族 | 男子穿对襟衣、长裤,包头;女子穿棉布衣裙和长、短裤 |
| 黎族 | 织染、双面织、双面绣最具代表 |
| 傈僳族 | 麻布衣衫,及膝长裤,膝下套"吊筒" |
| 佤族 | 男子服饰黑色包头,其他无异,喜文身;女子着靛青色无领大襟右衽及横条花筒裙,腰系红布宽腰带和细藤圈,戴大耳筒,宽手镯 |
| 畲族 | 上衣多刺绣,女子典型服饰为"凤凰装" |
| 水族 | 男服与汉族服饰相似;女子穿过膝、无领、大襟、水家布衫 |
| 纳西族 | 男服与汉族服饰相似;女子上穿宽腰大绣大褂,前幅及膝,后幅及胫,外加坎肩,下穿长裤,系百褶围腰,穿船形绣花鞋 |
| 景颇族 | 男子穿对襟圆领上衣,包绒珠头布,佩腰刀和筒帕;女子穿黑色对襟,下着黑红筒裙,点缀银泡泡、银片,裹腿。佩戴银链、银铃、银耳筒、银手镯 |
| 瑶族 | 各支系服饰差异较大,男子服装以青蓝对襟、斜襟短衣为主,也有交领长衫,配裤。女子服饰有大襟上衣,束腰着裤;有圆领短衣配百褶裙;或长衫配裤。少女、未婚、已婚妇女以头饰可区分 |

## 五、体育项目

民族传统体育项目是民族传统体育物质文化的重要内容,是民族传统体育文化研究的重点。目前,在我国发掘的民族传统体育一共有 977 条,其中,汉族占有 301 条,各少数民族占有 676 条。

### (一)汉族传统体育项目

汉民族的传统体育项目众多,有汉民族自身的体育运动项目,也有早期从少数民族引进的体育项目,具有代表性的主要有,武术、珍珠球、太极拳、秋千、木球、蹴球、毽球、打陀螺、龙舟、踩高跷、导引术(五禽戏、八段锦、易筋经)舞龙、舞狮等。

### (二)少数民族传统体育项目

不同民族处在不同自然地理环境中,因而导致各民族在风俗习惯方面存在着巨大差异,最终形成了风格与形式各异的民族传统体育活动。在这种情况下,民族传统体育逐步形成了区域性、大众性、娱乐性、健身性等特点。民族传统体育的重要载体是信仰民俗与节日民俗。

我国各少数民族传统体育项目及民族传统体育各具特色,每一个少数民族均有具有本民族特色的传统体育项目,各少数民族的民族传统体育各具特色,充分表现出不同民族的民族文化,各少数民族项目构成了我国民族传统体育物质文化的重要内容。

## 第三节　民族传统体育的精神文化内涵

### 一、民族传统体育对自然的认知

#### (一)顺应自然的体育思维

自古以来,我国人民都对自然怀有敬畏之心,早期人类的价值观、世界观中,都将自然看作是人类发展的一个重要基础,尊重自然、顾全整个自然的发展。

我国民族传统体育立足于全局,以自然发展的观点客观描述了人体运动的发展以及人体运动与周围事物的关系。我国各族人民的传统体育的诞生与发展均是在探索人类在大自然环境中如何更好地生存发展的基础上进行的,充分表现了我国各民族人民追求平衡以及顺应万物的主体化思维方式。就战胜西方科学主义"主客之分,身心两分"造成的科学危机而言,该思想在传统体育推动人体健康发展方面能够发挥着重要作用。

我国各民族对体育(身体活动)对人类健康的作用探索,从根本上反映了我国先人们对人与自然和谐相处、共同发展的探索。

### (二)朴素的体育哲学观

在我国各民族的传统体育活动中,很多民族都有武术运动,尽管各民族的武术具体内容与运动形式不同,但是武术思想中都具有我国传统哲学思想的烙印。

#### 1."天人合一"

"天"指"自然","天人合一"指"天人一致"和"天人相应",即要尊重自然规律,与自然和谐相处。"天人合一"哲学思想对我国古人的生活产生了重要影响,同时对我国民族传统体育也产生了重要影响。

(1)习武要重视"天时、地利"。练习武术,讲究顺乎自然,遵循自然规律,习武要注重人体和四时、气候、地理等外在的自然环境相协调,若逆天时地利而动,则对健康不利。

(2)习武要重视"人和"。练习武术,应在遵循自然规律的基础上,尊重自身发展规律,自然规律和身心发展规律都是武术习练应该遵守的运动基础规律,习武的过程就是寻求自我和谐以及与自然和谐相处的过程,与自然的和谐相处,进而促进自身健康发展。

(3)习武要重视"人与自然共同发展"。练习武术,尊重自然与尊重自身并不矛盾,人是大自然的一个重要组成部分,需要从大自然获得生产生活资料,各种社会活动的开展离不开大自然的环境。因此,人的任何活动都要做到"象天法地、师法自然",包括武术这一种个体和社会行为,也应尊重自然、善待自然,吸取自然精华促进自我发展,如从自然中获得灵感,通过模仿自然事物、动物的动式、姿态、神情、表现等进行身体练习,并最终实现人与自然和谐相处。

### 2. 阴阳思想

《周易》称"一阴一阳之谓道",阴阳思想认为,"阴"和"阳"是一对对立统一的矛盾体,阴阳是万事万物变化的基本规律。

阴阳思想认为,自然界万事万物都有阴阳两个方面,这两方面对立、制约,阴阳相互作用而产生的结果就是事物发展的状态,当阴、阳任何一方面出现过盛或有损时,事物发展就会失去平衡,进而产生问题。武术健身作用于身体,就是通过身体活动来调节机体的阴阳平衡。

(1)动作的阴阳变化。很多武术大家认为,阴阳对立蕴含在武术动作之中。武术动作中,一些部分增强,就势必会造成某些部分减弱,反之亦然。

(2)攻防的阴阳变化。在武术技击中,对抗双方的攻与守就是一对阴阳共生的关系,武术对抗所讲究的长兵器短用,短兵器长用;进攻要注意防守,防守中伺机进攻;攻防兼备等,都是阴阳共生、变化、制约的表现。

### 3. 太极思想

"太极"最早见于《周易·系辞上》:"易有太极,是生两仪。"南宋著名理学家朱熹认为:"万物之理,便是太极。"指出万事万物都是彼此不同、相辅相成、相互渗透、共存共生的关系。

太极思想对我国古代朴素辩证法具有重要的指导和启发意义,事物的产生、发展、变化都与外界、自身内部各种对立统一的关系密切相关,这种智慧的哲学思想应用到武术当中,直接促进了武术太极思想的集大成者——太极拳的产生。

### 4.五行思想

古人观察和探索世界及万事万物发展的规律，认为万事万物可进行归类，因此，古人用类比法将万物进行归类。五行思想将世界万物归为五类，古人认为只要把握了五行的变化规律，就可以解释世间的一切变化并预测其发展变化。五行思想是古人认识世界、解释宇宙事物变化的一种学说。

在五行思想指导下，人们对万事万物进行了归类，并认识到不同事物之间相互促进、相互制约（即相生相克）的道理，五行思想对万事万物发展及其相互之间的关系认知，促进了我国中医、武术等的发展。五行相生相克直接为中医学结合实证治疗、武术功法运动变化提供了理论基础。

### 5."形神统一"

"形""神"最早是我国古代唯物主义哲学家荀子和范缜探讨事物内外发展关系而提出的哲学思想。在武术体系中，"形神兼备"是习武的重要要求，"形神统一"是武术习练的最高境界。

（1）武术动作形态的形神统一。武术习练对于动作的标准性具有一定的要求，如果武术动作不标准，则会影响美观、影响技击效果，甚至可能因动作错误而导致身体受伤。武术习练过程中，习武者应在武术动作和技法习练中追求动作形态美、标准化。武术习练首先要达到"形"的要求，在"形"的基础上，重视"形"与"神"统一。

（2）武术动作神韵的重要性。武术动作和套路习练都不只是动作的模仿，习武者还必须讲究意、气、神与力的结合，充分领悟武术动作中所包含的拳法技理、掌握武术神韵，并在武术动作练习中充分表现出来，如此才能通过武术动作习练达到养生、怡情、技击等目的。

总之在武术练习中，如果只重视"形"不重视"神"，则武术习练无疑就成了花架子,如果只重视"神"而忽略"形",则是单纯的动作模仿,毫无运动效果,武术习练必须讲究形神统一、形神兼备、内外兼修。

## 二、民族传统体育中的宗教文化

我国民族传统体育的产生、发展与宗教联系紧密,佛教和道教对我国汉民族传统文化结构中的每一个子系统都产生了深刻影响,与我国汉民族体育中的许多体育运动项目关系密切,在一些民族传统体育项目中,如清明踏青、重阳登高以及许多武术拳种缘起故事中有着深刻的文化渗透。

### (一)民族传统体育与原始宗教

原始宗教是原始社会时期的宗教形式。早期人类认知有限,对大自然认识有限,大自然为人类提供各种生产生活资料,但是大自然中的一些自然现象(雷雨风电、山洪、地震等)也令原始人类充满恐惧,因此,原始人类对大自然是"心生敬畏",人们将自然界威力神化,崇拜神灵。之后,人们开始思考生老病死,探索生命存在与发展的奥秘,供奉死去的先人,通过举行宗教祭祀仪式,祈求神灵和先人保佑。

就武术的产生发展来说,有一种武术起源说是武术宗教起源说,该学说指出,早期人类祭祀活动中的身体活动是一种带有节奏性的身体舞蹈,是武术套路的活动雏形。

### (二)各民族传统体育与宗教

#### 1.拔河与原始宗教

拔河是原始宗教中的一种祭祀活动演变发展而来的,拔河中的力量较量表现了对灾害的抗争之心,拔河胜利则视为将摆脱厄运,有好的发展。

据《墨子·鲁问》和《荆楚岁时记》记载,拔河源于楚国、吴国的水上舟战。① 当时,拔河被称为称为"钩强"或"牵钩",后逐渐演变为民间"施钩之戏"。

## 2.武术与道教、佛教

### (1)武术与道教

道教是中国的本土宗教,在我国民众间的影响是非常大的,其对民族传统体育的健身养生思想、拳理技法的形成奠定了良好的思想基础。

道家注重养生,《老子》一书被奉为《道德经》,是道家思想的重要典籍,道教文化以老子和庄子的思想为基础,与佛教相比,道教更加重视自身现世的发展,不祈求来生,因此,纵观道教发展史,历史上的道教大家,大都注重身体养生练习,也往往是体育大家。

道教关于阴阳、八卦、五行等哲理的研究,对人与天地万物价值与联系的探索,为民族传统体育提供了丰富的哲学理论,我国武术中的许多拳理都参考了道教思想,道教的教理教义和修持方法,还有天人合一的思想境界,对武术的技法有深刻影响。武术功法练习,大多是为了调理身心,以期实现身心的平和与持续发展,减少日常的各种损耗,以便于养精蓄锐、益寿延年。许多功法练习中的诀窍,也与道家相通,如"气聚丹田""运转河车""凝神入穴"等习武要诀原就是道家内丹修炼术语。

受道教文化影响的典型武术项目有以下几项。

太极拳与道教文化关系密切。相传,太极拳是道教武当派创始人张三丰所创,太极拳的产生和发展过程中,都表现出了对养生的重视。太极拳强调"道法自然",重视人与自然的和谐,太极拳拳理奥妙,发展为陈、杨、吴、孙等数家流派,虽然运动形式有所不同,但是在拳理上都不主张攻击,主张顺其自然。

---

① 黄益苏,张东宇,蔡开明.传统体育运动[M].北京:高等教育出版社,2007.

形意拳是典型的道教思想影响下产生发展起来的体育项目，其拳理来自道家文化，其技法理论充分显示了道教民族传统体育文化的技击卫身思想，而非主动出击。此外，形意拳所强调三层功夫得自道家，功法练习讲究养生功效。

（2）武术与佛教

佛教起源于印度，其传入中国后与玄学文化相结合，形成中国佛教的"禅宗"文化，少林武术是从佛教圣地嵩山少林寺发源而来的，少林武术与佛教文化之间关系密切。

少林寺是佛教修行之地，少林武僧在推动中国武术发展方面也发挥了重要的作用，武术与佛教的有机结合形成了独具中国特色的少林武术文化，少林武术的"禅武合一"不仅影响着自身的发展，也在很大程度上影响着整个中国武术的发展。重视禅修是习武之人的一个重要修行课。少林僧人的禅修是一种修行，也是一种练功方法。

总之，少林武术是武术与佛教结合的一种文化，这种文化远传国外，成为外国人最早认识中国武术的一个窗口。

3. 转山与藏教

转山是藏族的一种重要的宗教活动，表达了藏教信徒虔诚的祈祷，西藏许多地方都有转山的习俗。

转山的习俗源自雍仲本教（西藏古代盛行的一种原始佛教，），当前藏族人民的很多独特的祈福方式，如转神山、拜神湖、转经筒等都源自本教。藏教佛经上说，转山（指神山）是世界最高的山——须弥山，须弥山被誉为世界的中心，人们多以为它是一座虚幻的山，但它是真实存在的，《大藏经·俱舍论》记载：印度往北走过九座山，有座"大雪山"，即冈底斯山脉的主峰岗仁布钦。朝圣者一路步行、甚至是跪行围绕圣山，来自远方的虔诚者从家乡出发五体投地对神山叩拜。据说，朝圣者来此转山一圈，可洗尽一生罪孽。

目前，转山会为藏族传统节日，转山后，人们会支起帐篷进行野餐,演藏戏,唱民间歌谣,跳锅庄舞、弦子舞,并进行跑马、射箭比赛,或举行其他体育文化活动。

### 三、民族传统体育中的民族精神文化

#### (一)守内、尚礼、恋土的民族情结

我国民族传统体育具有守内、尚礼、恋土的民族情结。

首先,我国各民族传统体育思想中,无不体现着各族人民顺应自然,追求自我与自然和谐发展的思维。

其次,我国各民族传统体育的技术特点方面,充分体现了我国各民族人民斗智斗勇、坚持追求技巧的民族心理。

再次,我国各民族传统体育运动项目兼具娱乐性、表演性、竞技性,动作规定与比赛规则无彻底具体化,但文明礼让、点到为止贯穿于交手的整个过程,这充分表现出我国各民族人民守内、尚礼的性格特征。

最后,我国各民族传统体育与早期各民族的生产生活方式有着非常密切的联系,很多民族体育项目直接从生产生活中诞生、发展,并随着民族文化的发展而世代传承,在具体的动作与形式中充分再现了民族生产生活景象,表现出我国各族人民恋土归根的民族情结。

#### (二)等级、崇文、尚柔的民族心理

纵观我国文明发展史,在漫长的等级社会,尊卑有别的等级观念对我国古代传统文化产生了重要的影响。尊卑有别始终贯穿于我国民族传统体育发展的整个过程,其不但渗透在使用体育用品上,而且还渗透在体育活动顺序上。在开展和参与民族传统体育活动的过程中,需要时刻遵循君臣有别、长幼有序的体制,在这种情况下体育竞争的公平性逐渐丧失。

在奴隶主和封建社会,人类最高级需要是道德需要以及最大

价值是道德价值的思想,在该阶段,人们的人生奋斗目标与理想高度为"内圣外王"的贤人,伦理教化在封建社会中占有极高地位,严重扭曲了人体发展的健康性与合理性,扼杀了中华民族传统体育的健康功能和娱乐功能。一些民族传统体育的发展重点出现了偏差,体育发展更注重体育中的"礼"而非"身体活动",如学习射礼要求"内志正,外体直";参与投壶"不使之过,亦不使之不及,所以中也,不使之偏颇流散,所以为正也,中正,道之根底也。"。

此外,在"寡欲不争""中庸""以柔克刚""贵和"等多种思想的长期影响下,我国民族传统体育力量、刚强、竞争欠佳,舒缓、柔弱、平和有余,很多体育活动并不能起到很好的锻炼身体的价值,更像是一种"花架子"。这也是与同一时期西方国家相比,我国古人同样参与各种体育活动,但运动量和负荷强度低导致体质水平较低的一个重要原因。

### (三)中庸、阴柔、静态的民族审美

在我国古代,传统儒家文化具有较深、较广泛的影响,在儒家学说思想影响下,古人逐渐形成了"中庸"的民族性格。这与西方竞技体育中的争强好胜是有着很大的区别的。

与游牧少数民族相比,我国汉民族和南方很多少数民族都在运动中更加崇尚"阴柔""静态"之美,以太极为例,静与自然是中国太极的重要功法追求与特点,在理论和文化两方面均追求相同目标。"形不破体,力不尖出","有退有进,站中求圆","拧、曲、圆"的内聚形态,"声东击西、避实就虚,守中有攻,就势借力","四两拨千斤"等的太极拳形态与特征,充分表现了积极探究技巧的审美心理。

中国象棋、围棋等民族传统体育项目均具备旺盛生命力,棋盘的方寸之间,"千军万马""杀气四起",对抗双方应做到"眼中无棋,心中有阵",充分表现了我国各民族人民于静态运动中斗智斗勇、杀伐决断的性格。即使是很多游牧少数民族的体育运动项

目,如骑马、射箭,也重视马上的飒爽英姿与射箭中箭在弦上那一刻的坚毅和气定神闲。

# 第四节　民族传统体育的制度文化内涵

## 一、体育制度文化的含义

### (一)制度文化

制度文化是一个小的文化体系,它并不是单一形式的存在,而是由多重元素构成,是介于物质和精神文化二者之间的一种特殊的文化形态。制度文化对全社会发展以及人类日常行为都能够起到规范作用和约束作用。

### (二)体育制度文化

高玉兰认为,在体育文化结构中,体育管理机制以及部分具体政策与制度等是制度层面的主要内容,其具有权威性,能加强与扩展思想观念意识并规范人们的各种行为,能促进体育文化的发展。

体育制度文化,是研究体育文化学与体育史学的重要环节。体育院校通用教材《体育史》中,体育被划分为体育观念形态、体育运动形态、体育组织形态,这三类体育形态及其和社会环境的关系,共同构成了体育史学研究对象。

体育制度文化主要表现在两个方面。

(1)体育传统:各种体育活动中形成的一种稳定、统一的行为风尚。

(2)体育制度:与体育相关的各种规章制度。

## 二、民族传统体育制度文化

### （一）古代民族传统体育制度

纵观我国民族传统体育发展史,我国古代民族传统体育体制及其发展,表现如下。

夏至春秋时期,生产分工、文字与学校产生、战争频繁等,这些因素为体育的发展奠定了良好的社会基础,体育内容与形式丰富,学校教育中还出现了"射""御"等专门的体育教育内容,还出现了军事、娱乐、保健等不同的体育内容。

战国时期,为提高军备,统治者推行"公民兵"制度,对加快军事体育发展产生了很大的影响。同时,全民皆兵时代,蹴鞠、围棋、射箭、弹棋、斗兽、投壶、击鞠、赛马等深受人民喜爱的娱乐体育项目也在民间获得了良好的发展。

秦始皇统一六国之后,在"罢黜百家,独尊儒术"政策的影响下,学校体育受到了重大打击,停滞不前,各种具有娱乐功能体育活动的发展也受到了阻碍与禁止。

自汉武帝采纳汉代思想家董仲舒的思想后,儒家思想逐步占据了统治地位,导致官学与武艺的发展日益衰弱。重文轻武成为当时的社会风气。

汉代之后,重文轻武思想与崇文尚柔思想的蔓延范围不断扩大,发展到南朝国民体质的下滑趋势日益明显,记载南朝贵族弟子体质差的资料颇多。

魏晋与五代时期,各种限制体育发展的体制被废除,统治者积极颁布实施一些推动体育发展的可行性措施,包括民族传统体育在内的体育项目在这一时期得到了快速发展。随着玄学、佛学、北方少数民族习俗的持续影响,儒学思想中的"礼乐观"受到了很大限制,体育活动中"道德至上"、不注重身体健身功效的体育活动特点发生了较大改变。

北宋时期，在统治者明理学和"八股取士"的政策下，北宋成为重文轻武的极盛时期。

宋代之后，民族传统体育运动发展形势良好，同时其相对独立的体系也逐步形成，此外休闲娱乐体育也取得了良好的发展成效。在该时期，人们举办娱乐活动和休闲体育活动的场所——瓦舍中，经常开展各种表演性体育活动，深受百姓欢迎。

明清时期，养生术与炼养术发展迅速，如八段锦与易筋经等养生类民族传统体育项目发展速度逐步加快。

### （二）近代民族传统体育制度

近代我国内忧外患，有关体育发展的制度颁布非常少见，但民间一直有关于民族传统体育复兴的社会思考。这一时期，民族传统体育主要是在小范围内发展。

### （三）现代民族传统体育制度

新中国成立以后，为了实现国富民强，改善国民体质、发展国民经济，我国在社会经济、体育、文化等方面提出了许多建设性发展意见与策略。但受各种因素影响，直到 20 世纪 80 年代，我国的各项事业发展才逐渐步入正轨。

#### 1. 体育相关制度

为了推动包括我国民族传统体育在内的体育的发展，我国先后颁布了一系列的政策、法律、法规，这些制度有效地促进了我国体育的发展。

1984 年，颁发《关于进一步发展体育运动的通知》。

1986 年，《关于体育体制改革的决定（草案）》发布，指出要将社会化作为体育改革突破口。

1992 年，《关于深化体育改革的决定》发布实施，强调要建立中国特色体育新体制。

1995 年，我国颁布《中华人民共和国体育法》（简称《体育法》），标志着我国体育工作进入了依法行政、依法治体阶段。同年,我国首次颁布《全民健身计划纲要》,我国群众体育事业进入一个新的发展阶段。

1996年,《国民经济和社会发展"九五"计划和2010年远景目标纲要》的颁布确定了国家、社会共同兴办体育的新格局。

2000年,《2000—2010年体育改革与发展纲要》的发布确定了未来十年体育产业发展与改革目标。

2006年的《体育事业"十一五"规划》,要求深化体育改革、进一步完善体育体制和运行机制。

2010年2月,国务院颁布《全民健身计划纲要》第二期工程(2001—2010年)规划,2011年3月,国务院又颁布《全民健身计划(2011—2015年)》,这两个文件有效地保证了全民健身工作的持续开展。

2011年,我国发布《体育事业"十二五"规划》,强调加快发展体育产业。

2012年8月17日,"2012中国卫生论坛"上,卫生部部长陈竺代表"健康中国2020"战略研究报告编委会发布了《"健康中国2020"战略研究报告》。

2015年10月29日,中共中央发布了《中国共产党第十八届中央委员会第五次全体会议公报》公报,详细阐述了中国共产党未来"十三五"规划的建议。

2016年,为改善学生体质健康水平,国务院印发《关于强化学校体育促进学生身心健康全面发展的意见》,强调了体育在素质教育中的作用。同年,为继续推进我国全民健身的发展,《全民健身计划(2016—2020年)》应运而生,为继续深化体育改革、发展群众体育、建设健康中国指明了方向。2016年8月26日,中共中央政治局制定《"健康中国2030"规划纲要》,强调促进全民健身与全民健康的深度融合。

2. 少数民族体育相关制度

为促进我国少数民族体育的发展,我国先后颁布了一系列与少数民族体育相关的政策与制度,涉及少数民族体育运动综合发展、人才培养、产业发展、文物保护等方方面面(表 3-2)。

表 3-2　20 世纪 80 年代至今我国少数民族体育发展相关政策制度①

| 年份 | 政策制度内容 |
|---|---|
| 1981 年 | 《全国少数民族体育工作座谈会报告》 |
| 1984 年 | 《中华人民共和国民族区域自治法》 |
|  | 《关于进一步发展体育运动的通知》 |
| 1995 年 | 《中华人民共和国体育法》 |
| 2000 年 | 《关于印发〈关于进一步加强少数民族文化工作的意见〉的通知》 |
|  | 《关于实施西部大开发战略加强西部文化建设的意见》 |
|  | 《关于西部大开发中加强文物保护和管理工作的通知》 |
| 2001 年 | 《全国少数民族传统体育运动会竞赛项目立项暂行规定》 |
| 2005 年 | 《关于运用传统节日弘扬民族文化的优秀传统的意见》 |
|  | 《关于加强文化遗产保护的通知》 |
| 2006 年 | 《关于印发〈关于加强少数民族传统体育工作的意见〉的通知》 |
| 2007 年 | 《关于印发〈少数民族事业“十一五”规划〉的通知》 |
| 2008 年 | 《关于进一步加强少数民族古籍保护工作的实施意见》 |
| 2009 年 | 《关于进一步繁荣发展少数民族文化事业的若干意见》 |
|  | 《关于做好少数民族特色村寨保护与发展试点工作的指导意见》 |
| 2010 年 | 《全国体育人才发展规划(2010—2020 年)》 |
| 2011 年 | 《中华人民共和国非物质文化遗产法》 |
|  | 《中共中央关于深化文化体制改革推动社会主义文化大发展大繁荣若干重大问题的决议》 |
| 2013 年 | 《第一次全国可移动文物普查实施方案》 |
| 2016 年 | 《群众冬季运动推广普及计划(2016—2020 年)》 |
|  | 《关于进一步扩大旅游文化体育健康养老教育培训等领域消费的意见》 |
|  | 《“健康中国 2030”规划纲要》 |

---

①　殷鼎,杨建鹏.我国少数民族传统体育政策发展研究[J].体育文化导刊,2017(10):6,39-41.

| 年份 | 政策制度内容 |
| --- | --- |
| 2018 年 | 《全国少数民族传统体育运动会组织管理办法》 |

　　少数民族传统体育各项政策制度的颁布与实施,为推动我国少数民族传统体育更好地发展提出了发展方向与发展重点,但是,在实际工作中,由于各地区少数民族传统体育管理参差不齐、内外部困难层出,很多少数民族传统体育政策在执行与落实过程中遇到了很多问题,对此,必须结合各地少数民族体育发展实际与当地的少数民族群众、少数民族体育发展需求来制订更加细化、具体、可操作性的政策与制度,并为相关政策与制度的实施提供各种支持。

# 第四章　民族传统体育的传承研究

民族传统体育是我国体育文化的重要珍宝,其作为我国各民族生产、生活、社会关系、民族心理、民族性格、民族精神等的重要见证者和民族智慧的结晶,是一种宝贵的民族文化财富,具有传承的必要性和重要的传承价值,对于新时期持续促进我国各民族的体育文化发展具有重要的推动意义。在任何时候,传承民族传统体育,弘扬民族文化与精神都是必须要重视和认真去做的工作。

## 第一节　民族传统体育传承体系

### 一、传承人

#### (一)传承人的概念

传承人指文化继承者,民族传统体育文化的传承人指的是对民族传统体育直接参与传承,使之可以不断沿袭的个人或群体。

#### (二)传承人的作用

概括来讲,传承人是对民族传统体育进行保护的重点对象,民族传统体育的不断繁荣与发展离不开传承人的努力。

在民族传统体育文化传承过程中,传承人的作用主要表现如下。

（1）传承人担负着民族传统体育文化"接力棒"的职责，并发挥"接力棒"的作用。

（2）传承人承载着民族传统体育文化世代间的传承与存续的重任，并在当代对民族传统体育文化进行发扬与创新。

## 二、传承方式

这里重点就现代社会的民族传统体育传承常见方式进行详细阐析。

### （一）口传心授

口传心授是文化传承的一个重要方式，文化的口传新授传承有如下条件。

（1）在文字出现之前和文化理论形成之前，人类文化的传承主要是依靠口传心授来实现的。

（2）为了文化的保密，也通常会采取口传心授的方式进行传承。

（3）无形的、难以语言描述的文化，只能通过人与人之间的交流进行传授和传承。

口传心授传承文化，具体形式如下。

（1）口传：通过语言传授文化知识、技艺内容，使传承者掌握文化内容。

（2）心授：心授"法"，重视对传承人对文化的"悟"的培养，要求文化传承人对文化内涵心领神会。

### （二）言传身教

言传身教，分别包"言传"和"身教"两种具体传承方式。"言传"传授的是文化的表象内容，"身教"传授的是文化的精神内涵。

所谓"言传"，就是通过语言来传授文化内涵、内容、形式、形态,使传承者掌握具体的文化内容体系。

所谓"身教",就是通过传授者的行为举止来影响文化传承者的思想和行为,以此来实现对传承者的思想、道德层面的文化传承。

### (三)宗教信仰

民族传统体育文化与宗教文化之间具有千丝万缕的联系,许多民族传统体育从宗教祭祀活动中产生、发展,并与宗教活动一起开展。

宗教信仰,是指信奉某种特定宗教的人们对所信仰的对象产生的一种坚定不移的身心皈依。宗教信仰属于一种特殊的社会意识形态和文化现象。① 宗教文化产生于原始社会,随着社会生产的发展,它不仅记载着人类文化发展的历史,还是文化的一种重要传承方式。

在宗教信仰的指导下,人们去从事各种文化活动,如早期人类崇拜自然、崇拜祖先、崇拜图腾,每逢灾害、战事、农业生产或外出狩猎以及丰收之际,都会开展各种宗教祭祀活动。这些祭祀活动中的许多身体练习就是早期民族传统体育的雏形,再通过宗教信仰的植入,使后代坚定不移地学习传承下来。

### (四)节庆习俗

节庆习俗是一个民族特有的传统庆典活动。节庆习俗活动把一个民族的具有民族特色的传统文化通过一种形象、直观、一目了然的方式表现出来,具有丰富的文化内涵,是民族长期以来形成的民族传统文化内容的活的缩影。

在人类社会的发展过程中,丰富多彩的节庆活动构成了寓意深刻的独特民族文化表达方式,在各国家、地区、民族的节庆习俗中,人类文化得到各种形式的展现,各种节庆习俗活动都是传统

---

① 李繁荣.民族传统体育文化及其传承研究[M].济南:山东大学出版社,2014.

民族文化的一种寄托和表现,通过"可视化""仪式感"的方式完成上一代对下一代的传承。

节庆习俗活动是文化传承,尤其是民族文化传承的重要方式。

### (五)文学艺术

文学艺术属于人类精神文化范畴,是人类在物质文化得到丰富和满足的基础上,对精神文化的表现和追求,其在不同的历史时期表现出不同的特点和形式。

文学艺术的文化传承表现如下。

(1)通过威严、肃穆或神秘的方式表现文化观念。

(2)作为一种精神力量影响人们的精神世界。

(3)作为一种载体(文学体裁、歌曲、绘画、影视等)传递文化信息。

### (六)教育传承

文化的教育传承包括以下三个方式。

(1)家庭教育传承:通过家庭成员之间,主要是上一辈对下一辈的文化传承。

(2)学校教育传承:通过集体接受教育的方式传承文化。

(3)社会教育传承:通过社会宣传、社会教育站点传承文化。

## 三、传承环境

### (一)传承基地

文化传承基地指文化的传承场所。家庭、武馆、学校等都是文化的传承场所。

我国古代,文化传承主要是在家庭范围内进行,如陈式太极拳,由陈王廷创始,在陈氏家族世袭传承,但也有各地的人闻名来拜师学艺,因此这里的家庭传承是一种广泛意义上的家庭关系,包括父子、师徒,不仅限于血缘关系。

近现代以来,文化传承的主要基地是学校,即文化主要是通过教育的形式传承,利用传承单位为核心,可适当外延,如某学校的武术系是传承单位,可以申报此学校为传承基地。

### (二)文化空间

文化空间,又称"文化场所"(Culture Place),指人类口头和非物质遗产代表作的形态和样式,每一种文化都有自己的文化空间,如果失去了文化空间,则文化就失去了生存的条件。

例如,对于武术文化来说,少林寺就是一个别具特色的"文化空间",保护少林寺这一文化空间,对于武术文化的保留、传承是非常重要的。

# 第二节　民族传统体育的传承现状与困境

## 一、民族传统体育的整体传承现状

我国民族传统体育传承内容多而丰富。我国历史悠久,民族众多,具有丰富的民族传统体育文化,可传承的民族体育文化内容多、种类多、形态多。

在我国丰富多彩的民族传统体育文化中,先人们将人生价值、审美情趣、行为准则、道德观念通过民族传统体育文化的丰富多样的内容表现、形式表现和具有广泛群众基础的文化亲和力传达给各族人民群众,再通过民族传统体育文化的传承,使当代和后代更多的人了解我国民族传统体育文化及其中所蕴含的民族精神、品格。

在长期的历史发展中,我国民族传统体育文化在各民族的生产、生活、教育、社会活动中进行传承,这种传承多是自发的传承,传承条件有限,很多民族传统体育面临着失传的危险。

现代社会,世界多元文化相互影响,我国民族传统体育文化在世界体育文化中也受到了外来文化不小的冲击,我国民族传统体育文化的未来可持续发展前景值得深思。

## 二、民族传统体育面临的传承困境

### (一)西方体育文化冲击

在政治、经济、文化、体育全球化发展背景下,世界范围内,各国家、地区、民族之间的联系日益频繁、紧密。各种文化广泛传播、碰撞、交流。

当前,随着西方体育文化的强势来袭,我国民族传统体育在与西方体育博弈过程中面临着逐渐被边缘化的尴尬境地。

我国传统民族文化在世界各民族文化竞争的过程中并未占据主动地位,反而持续遭受着外来文化的蚕食,自身特色不断弱化。

### (二)民族体育文化自身制约性

受自给自足的农业生产方式、安土重迁的传统思想等各种历史、传统等因素的影响,我国民族文化基本上都是在一个相对封闭的环境中发展的,很少与外来文化进行沟通与交流。这有利于最大限度地保持我国民族传统体育文化的"原生态",但也在很大程度上打击着我国民族传统体育文化的发展。

经过挖掘整理发现,当前我国许多民族传统体育项目都或多或少地保留着封建的、不科学的或与现代社会发展不适应的因素,这些因素都在不同程度上对我国民族传统体育的现代转型和发展产生阻碍作用。

### （三）传承人认定、数量、质量问题

#### 1.传承人认定

传承人在文化传承中承担着重要的责任。民族传统体育文化传承人在民族传统体育文化的传承过程中发挥着十分重要的作用，因此，要慎重地对民族传统体育文化传承人进行认定。

国际社会要求对非物质文化遗产传承人必须原汁原味传承非物质文化遗产。在我国一些非物质文化遗产的申报中，传承人存在争议。

以我国少林功夫的传承人甄选为例，少林寺方丈释永信是我国国家级非物质文化遗产少林功夫传承人，但他忙于寺务处理和商业开发运作，用于少林功夫传承方面的时间和精力上的投入就会减少，其少林传承人的身份存在争议。

#### 2.传承人数量减少

现代社会，许多年轻人都不愿意去继承和传承我国传统文化，而一部分热爱民族传统体育文化的年轻人不具备传承民族传统体育的资格和特征，民族传统体育文化的传承举步维艰。

传承人数量少与现代社会的生存压力大、缺乏文化传承人制度保障有关。

首先，现代社会，生存压力大，练习民族传统体育在短时间内又得不到任何经济回报，随着市场经济的逐步深入，在经济利益的驱使下，一些民间民族传统体育爱好者改变了初衷，放弃了民族传统体育而从商、从政。

其次，长期生活在原民族世居地的民族传统体育文化传承人，无法获得足够的经济来源维持生活，迫于生活生计原因，不得不融进时代的大潮。近年来广西许多边远贫困山区的农民，为了生计，大批的青壮年流入城市，传统体育文化传承人出现了断层。

### 3.传承人质量不高

造成文化传承人质量不高的原因是多方面的。

第一,文化的学习与传承是一个需要投入很多时间与精力的过程,而且这一过程是漫长的,文化的学习与掌握不会在短时间内有明显效果。因此,有很多人在文化传承过程中无法坚持,最终放弃。

第二,一些民族传统体育文化的传承需要深入理解文化的具体内涵、精神,尤其对于一些职能口传心授的民族传统体育文化内容,其非常考验传承人的"悟性",而这种"悟性"的形成不仅是付出艰辛的努力就能获得的,还需要一定的天赋,在本来数量就少的文化传承候选人中选出有天赋的传承人是十分困难的。

第三,当前我国重视民族传统体育文化的传承,并大力在学校体育教育中推广民族传统体育教育,希望通过系统化的体育教育培养出一批优秀的民族传统体育文化传承者。但同时必须充分认识到,受多方面因素的影响,学校的民族传统体育教育更多地发展演变成了只追求健身功能的"运动",民族传统体育教育的文化传承功能被弱化,这样的教育是无法培养出真正的文化传承人的。

## 第三节　新时期民族传统体育的发展走向

### 一、加强政策制度引导

#### (一)加强政策宣传

民族文化传承,政府发挥着十分重要的作用,政府应加强各种民族传统体育文化宣传、教育、管理、发展等各方面政策的出台,给予我国民族传统体育文化的传承以必要的政策指导、政策支持。

在大力普及和推广民族传统体育文化的过程中，还要重视优秀民族传统体育文化传承人的发掘和培养，通过将民族传统体育纳入学校教学体系，通过学校教育进一步普及与发展民族传统体育，吸引和影响更多的人（包括学生及其家长）传承民族传统体育文化，并发现和培养优秀的武术文化传承人。

**（二）建立规范制度机制**

**1. 建立传承机制**

在民族传统体育文化传承管理中，由于制度建设的不完善，我国民族传统体育文化传承主体存在着许多令人担忧的问题。例如，传承人传承水平遭受质疑，传承能力受年龄限制难以为继。在实际的民族传统体育文化的传承过程中，还有许多经过官方认证的民族传统体育文化传承人退出机制，对此无奖惩标准，政府无法进行干预。针对这种问题，应不断健全我国民族传统体育文化传承机制，保证每一名传承者的权益，也规范每一个传承人的义务。

**2. 建立健全文化传承制度**

文化的传承是一个复杂的过程，关于文化的传承，有很多有争议性的认识，如有人认为文化传承就是"原汁原味"的"复刻"；也有人指出，文化的传承包括在保留原有文化属性基础上的创新，但是在创新过程中又很难保证原有文化的内容、形式不会发生大的改变，曾有知名拳师明确表示"为了创新不申遗"。蔡龙云先生指出："如果（华拳申遗）只有蔡龙云的华拳，其他的都被抹杀了，那么华拳也就不会再有新的发展，所以要给其他的派别一些空间。"[①]但如何"有选择性地创新"，在限定条件中创新，这是一

---

① 李雪林，蔡龙云. 武术，回到百姓中间[N]. 文汇报，2012-11-13（15）.

个非常难以拿捏的过程。

针对民族传统体育文化的传承与创新问题,应集合体育专家和不同体育文化传承人的意见和建议,出台相关的民族传统体育文化保护制度,确保民族传统文化能实现原生态的传承,又能合理创新。

## 二、发掘、培养传承人

### (一)重视传承人的培养

民族传统体育文化必须要有人来传承技术体系和传统文化的延续发展。如果没有"人"的传承,技术体系与传统文化就得不到延传,"传承人"是民族传统体育的核心载体。因此,必须重视民族传统体育文化的传承人的培养。

### (二)重视传承人的保护

明确民族传统体育传承人的权利与义务,重视对文化传承人的保护。

#### 1. 传承权利

民族传统体育文化传承人具有依靠自己的技能开展相关活动的权利,这些活动主要包括讲学、学术研究、传艺以及创作等。

民族传统体育文化传承人的文化传承中所拥有合法权利应当受到法律的保护,法律应当保护传承人的这一权利,以确保传承人能科学开展各种民族传统体育文化传承活动,促进民族传统体育文化的传承。

#### 2. 传承义务

民族传统体育传承人在民族传统体育文化传承中承担着重要的责任。权利与义务并存,法律所规定的民族传统体育文化传承人的基本义务具体如下。

（1）传承人应该对自己所掌握的知识、技艺及有关的原始资料、场所、建筑物以及实物等进行完整保存。

（2）传承人应将个人技艺向后人传授。

（3）传承人要依法开展文化展示与传播活动。

（4）传承人应科学选择与培养新的传承人，重视文化的书面著作传承。

### （三）提高传承人的素养

要实现民族传统体育文化的高质量传承，就必须不断提高民族传统体育文化传承人的素养，具体应做好以下几方面的工作。

#### 1.重视传承人品德教育

民族传统体育文化传承人的个人素养将直接影响其对民族传统体育文化的传承质量，对民族传统体育文化传承人的品德教育非常重要，良好的品德品质可以促进民族传统体育文化传承人的高度责任感、使命感的产生，并能认真、负责地传承民族传统体育文化。

#### 2.重视传承人考核

我国民族传统体育文化传承方式主要是以师徒传承为主，人的口传身授或口传心授。这种形式是非常容易发生变异的，如果传承者不能很好地表达、令下一代传承者很好地掌握，则会令文化传承变成空想，因此，要重视对已经被认定的民族传统体育文化传承人的定期和不定期的业务素质考核，确保传承人始终具备良好的文化素养与文化传承能力。

#### 3.重视传承人的奉献教育

俗话说"教会徒弟，饿死师傅"，在民族传统体育文化传承中也面临着"师傅"失业的问题。

　　许多民族传统体育文化中都包含着一些特殊内容，一些玄虚内容赋予了民族传统体育神秘的色彩，这种神秘感又被"师傅"们不断地放大。在传授弟子们民族传统体育的时候，"师傅"们顾忌如果弟子们很快地掌握并超过了自己，那么师傅的地位就保不住了，为了始终保住和巩固自己的地位，一些师傅会在给弟子传授技术的过程中"留一手"，这就导致民族传统体育文化内容的逐渐流失。

　　针对上述情况，应加强"师德"教育，不断提高民族传统体育文化传承者对民族传统体育文化的严谨态度和文化传承奉献精神，确保民族传统体育文化的全面、持续传承。

## 三、重视国际化传承

### （一）把握文化全球化机遇

　　全球化为各国的体育文化提供了相互传播与融合的发展机遇，我国应该抓住这一机遇来传播民族传统体育。

　　在全球化境遇下，民族传统体育文化的传承不能仅囿于国内，必须走出国门，扩大民族传统体育的影响力，提高民族传统体育的国际地位，在传承的基础上促进民族传统体育文化发展。

　　需要特别指出的是，在文化全球化发展背景下，东西方体育文化激烈碰撞。在西方体育文化占据主导地位的全球体育文化视域下，我国民族传统体育文化的国际化传播、传承不能一味地"迎合"，具体要以中国特色社会主义文化为标准，以我国民族传统文化为主体来不断整合与革新民族传统体育，突破顽固的守旧模式，尝试对体育文化的传播方式、传播内容等进行创新，进而不断提高我国体育文化的竞争力，不断满足民族传统体育国际化传播与世界化发展的需求。

### （二）重视国际文化交流与合作

　　当前在世界范围内，我国民族传统体育的国际化传承应重视品牌建设,以充分满足当前全世界范围内对民族传统体育文化和相关产品的需求。例如,可以充分借鉴"孔子学院"国际化推广的成功经验,在全世界范围内设立民族传统体育教育机构,使更多的人关注、了解、传承民族传统体育。

再如,可以在华人聚集的地方,创办民族传统体育文化节活动,通过华人在海外的民族传体育文化活动参与、宣传来"以点带面"地促进更多的国外友人了解、认识我国民族传统体育文化。

## 四、在传承中谋发展

文化的发展离不开创新,当前要想使我国民族传统体育获得更大的发展,必须在传承的基础上谋求创新,积极弘扬我国民族传统体育,传承与发展并举,在民族传统体育传承的基础上发展,使我国民族传统体育永葆生命力。

### (一)与市场结合

在当今市场经济社会背景下,民族传统文化面临的生存困境和危机,正确处理传统文化与现代发展之间的关系,发扬民族文化的优势,积极适应现代化变革,推动民族传统体育的市场化发展是民族传统体育传承的一个重要发展方向。

结合当前我国市场经济发展形势,应大力发展民族文化产业,把民族传统体育作为一个产业来开发,让民族传统体育主动参与市场竞争,并不断提高民族传统体育自身的市场竞争能力,使其在市场竞争中谋求可持续发展之路。

### (二)坚持走出去战略

推动民族传统体育在国内发展的同时,加强民族传统体育的国际传播、交流、传承,重视中国文化的"走出去"。

当前,国际间各种政治、经济、文化交流日益密切,政府和相关部门应该在民族传统体育的对外交流上多下功夫。例如,可以通过举办大型的世界民族传统体育节,使世界上更多的人认识我国民族传统体育,培养批优秀的民族传统体育学员、教员、裁判员,促进我国民族传统体育的国际化发展,使其在世界多元文化中占据一席之位。

# 第四节　民族传统体育的"非遗"传承

## 一、非遗——非物质文化遗产

### (一)非物质文化

非物质文化,特指精神文化,是人类在社会历史实践过程中所创造的各种精神内容,具有艺术价值历史价值。

与其他文化相比,非物质文化具有"非物质形态"的特点,它依赖人的学习和传授进行传承。

### (二)非物质文化遗产

联合国教科文组织的相关文件和我国国务院下发的《关于加强文化遗产保护工作的通知》均认为,"非物质文化遗产是指各种以非物质形态存在的与群众生活密切相关、世代相承的传统文化表现形式。"

2011年6月1日,我国颁布实施《中华人民共和国非物质文化遗产法》,指出非物质文化遗产是"各族人民世代相传并视为其文化遗产组成部分的各种传统文化表现形式以及与传统文化表现形式相关的实物和场所"。

### (三)非物质文化遗产传承工作的开展

2003年,中国民间文艺家协会率先发起"中国民间文化遗产抢救工程",这是我国首次对民俗民间文化进行国家级的抢救和整理。

2006 年,国务院确定每年六月的第二个星期六为我国的"文化遗产日"。

2010 年 10 月,首届中国非物质文化遗产博览会在济南举办。

2011 年 6 月 1 日,我国正式实施《中华人民共和国非物质文化遗产法》。

2019 年 6 月 24 日,文化和旅游部发布推荐申报第五批国家级非物质文化遗产代表性项目的通知,我国第五批国家级非遗项目申报工作正式开始。

截至 2019 年 7 月 6 日,中国世界遗产共计 55 项,其中,文化遗产 37 项、文化与自然双重遗产 4 项、自然遗产 14 项,北京是世界上遗产项目数最多的城市(7 项)。

目前,我国国际级非物质文化遗产项目共有 39 个(表 4-1),是世界上拥有国际"非遗"项目最多的国家。

目前,我国国家级非物质文化遗产项目 1 300 余项(表 4-2),全国自上而下建立了"国家＋省＋市＋县"的文化遗产保护体系。

表 4-1　我国国际级非物质文化遗产项目

| 入选年份 | 项目数量 | 项目内容 |
| --- | --- | --- |
| 2001 年 | 1 | 昆曲 |
| 2003 年 | 1 | 中国古琴艺术 |
| 2005 年 | 2 | 蒙古族长调民歌(与蒙古国联合申报)、新疆维吾尔木卡姆艺术 |
| 2009 年 | 22 | 中国蚕桑丝织技艺、梅花篆字、福建南音、南京云锦等 |
| 2010 年 | 2 | 京剧、中医针灸 |
| 2011 年 | 1 | 皮影戏 |
| 2013 年 | 1 | 珠算 |
| 2016 年 | 1 | 二十四节气 |

表 4-2　我国国际级非物质文化遗产项目

| 年份 | 批次 | 项目数量 |
|------|------|----------|
| 2006 年 | 第一批 | 518 |
| 2008 年 | 第二批 | 510 |
| 2011 年 | 第三批 | 191 |
| 2014 年 | 第四批 | 153 |
| 2019 年 | 第五批 | 申报中 |

**（四）非物质文化遗产体育类相关项目**

现阶段,我国国家级非物质文化遗产名录项目共 10 个大类别(图 4-1)。其中,传统体育、游艺、杂技类非物质文化遗产项目具体参考表 4-3。

## 二、民族传统体育非物质文化遗产传承策略

### （一）全面进行资源普查

重视对相关文化遗产的全面普查,从源头上把握我国民族传统体育文化的数量、内容,不让任何一项文化流失。

### （二）建立与完善法律体系

通过法律手段保护我国非物质文化遗产项目及其保护、传承。目前我国制订了一系列相关法律法规,主要涉及以下两方面。

物质文化遗产方面,如《文物保护法》《文物保护法实施条例》《关于加强文化遗产保护的通知》等法律文件。

行业规范管理方面,如《藏品定级标准》《中国文物古迹保护准则》等。

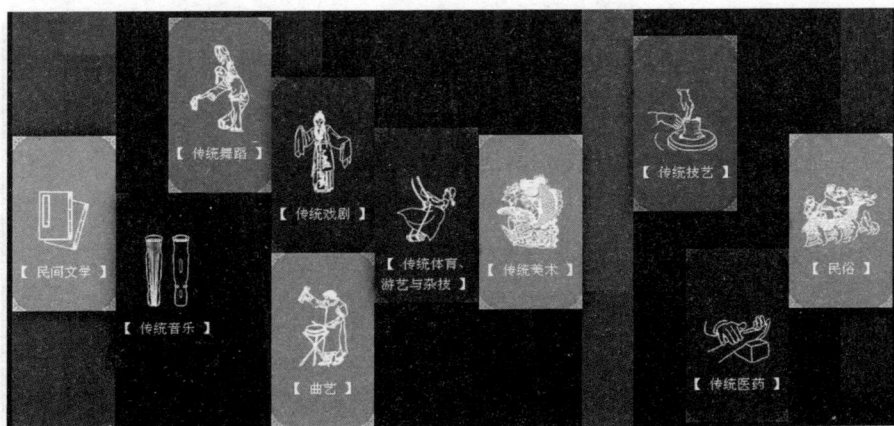

图 4-1

表 4-3　传统体育类非物质文化遗产（国家级）

| 批次 | 数量 | 项目内容 | 批次 | 数量 | 项目内容 |
|---|---|---|---|---|---|
| 第一批 | 17项 | 吴桥杂技<br>聊城杂技<br>天桥中幡<br>抖空竹<br>维吾尔族达瓦孜<br>宁德霍童线狮<br>少林功夫<br>武当武术<br>回族重刀武术<br>沧州武术<br>太极拳<br>邢台梅花拳<br>沙河藤牌阵<br>朝鲜族跳板、秋千<br>达斡尔族传统曲棍球竞技<br>蒙古族搏克<br>蹴鞠 | 第三批 | 15项 | 拦手门<br>通背缠拳<br>地术拳<br>佛汉拳<br>孙膑拳<br>肘捶<br>十八般武艺<br>华佗五禽戏<br>撂石锁<br>赛龙舟<br>迎罗汉<br>掼牛<br>高杆船技<br>花毽<br>口技 |

续表

| 批次 | 数量 | 项目内容 | 批次 | 数量 | 项目内容 |
|---|---|---|---|---|---|
| 第二批 | 38项 | 围棋<br>象棋<br>蒙古象棋<br>天桥摔跤<br>沙力搏尔式摔跤<br>峨眉武术<br>红拳<br>八卦掌<br>形意拳<br>鹰爪翻子拳<br>八极拳<br>心意拳<br>心意六合拳<br>五祖拳<br>查拳<br>螳螂拳<br>苌家拳<br>岳家拳<br>蔡李佛拳<br>马球<br>满族珍珠球<br>满族二贵摔跤<br>鄂温克抢枢<br>挠羊赛<br>传统箭术<br>赛马会<br>叼羊<br>土族轮子秋<br>左各庄杆会<br>戏法<br>建湖杂技<br>东北庄杂技<br>宁津杂技<br>马戏<br>风火流星<br>翻九楼<br>调吊<br>苏桥飞叉会 | 第四批 | 14项 | 布鲁<br>蒙古族驼球<br>意拳<br>戳脚<br>绵拳<br>精武武术<br>咏春拳<br>井冈山全堂狮<br>梁山武术<br>徐家拳<br>两仪拳<br>梅山武术<br>武汉杂技<br>幻术 |

### （三）加大经费投入力度

在加强法律建设的同时，我国政府在文化遗产保护方面还应不断增加经费投入，从财力上为保护工作提供基础支持。

非物质文化遗产的保护、传承需要做很多工作，如挖掘、记录、整理、研究、保护、培养传承人等，这些工作的开展都需要大量经费的投入，国家和地方应该在我国非物质文化遗产保护方面给予足够的资金支持。

### （四）重视多元化传承

对我国民族传统体育，尤其是尤为珍贵的体育非物质文化遗产项目，应给予多方面、多元化的保护与传承，具体应做好如下工作。

（1）重视对相关文化资料、现象的挖掘整理。

（2）加强对传承人的保护与培养。

（3）体育文化传承人对相关文化的传承提供各方面的帮助。

（4）重视民族传统体育非物质文化的物质化传承，形成文字、音频、视频、数字资料。

（5）通过先进技术传承非物质文化，如建立非物质文化的网络数据库，建立非物质文化的动态、多维模型。

# 第五章　作为文化典型的广西
## 民族传统体育

　　广西壮族自治区,在独特的自然地理环境下及在多民族聚居生活中,形成了独特的桂系文化。作为岭南文化的重要文化内容,广西民族传统体育呈现出"百家争鸣""百花齐放"的繁荣景象,在各民族传统体育文化的共同发展过程中,各民族既保留了本民族的优秀传统体育文化,同时,各民族体育文化之间相互影响、相互渗透,形成了一批具有民族特色的民族传统体育项目与文化。广西地区的民族分布与聚居所形成的丰富多彩的广西民族传统体育文化体系在我国民族传统体育文化研究中具有重要的区域民族文化、区域体育文化等研究价值,本章就重点对广西民族传统体育的内容与分布、功能与特点,以及广西民族传统体育与节庆文化的具体联系进行简要分析,以使读者对我国广西民族传统体育文化有一个整体、全面、系统的了解。

# 第一节　广西民族传统体育的内容与分布

## 一、广西地理位置与自然环境

### (一)广西地理位置

　　广西,简称"桂",行政区域全称"广西壮族自治区",得名于古地名"广信","两广以广信为分界,广信之西谓广西"。

广西地区，界于北纬 20°54′～26°24′，东经 104°28′～112°04′之间，位于我国华南地区，广西与湖南、广东、云南、贵州接壤，与海南隔海相望，是我国西部省份中唯一一个沿海省份（图 5-1）。

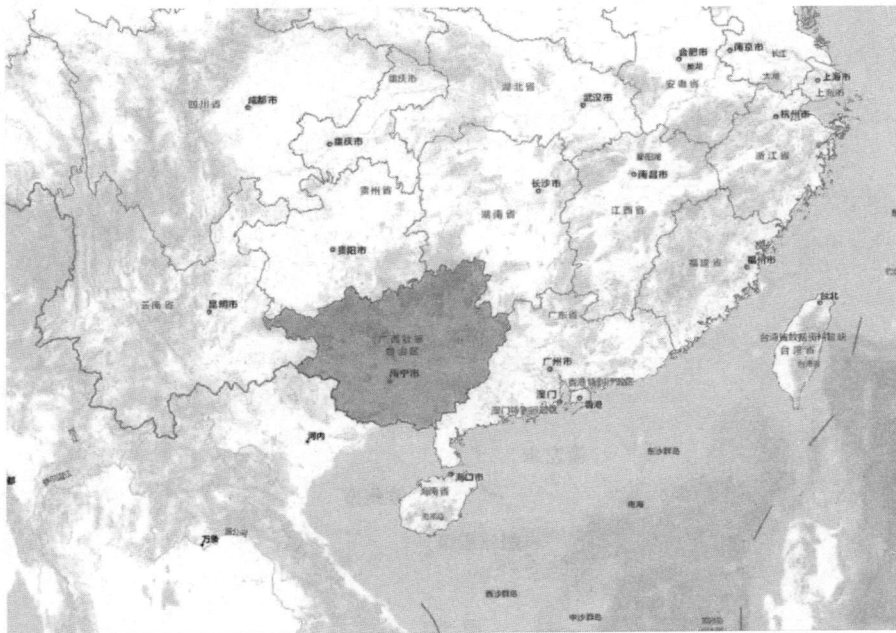

图 5-1

广西省会南宁，下辖 14 个地级市（图 5-2），地区地势西北高、东南低，地貌丰富，包括山地、丘陵、台地、平原等地貌（图 5-3）。

### （二）孕育广西体育文化的自然环境

广西地区多丘陵地带，气候温和，雨量充沛，土地肥沃，对于各种农作物的生长十分有利，决定了该地区的经济生产方式以农业为主，兼营林业和渔猎，过着男耕女织、自给自足的生活。

广西地区地形地貌丰富、山水秀美，"桂林山水甲天下"，广西漓江风景区是国家级风景名胜区、4A 级景区。此外，德天瀑布、青秀山、独秀峰、涠洲岛、钟山十里画廊等都是广西美丽自然景色的代表。广西地区青山绿水、竹影婆娑、覃瀑交错，养育了广西地

区的各少数人民群众,各少数民族在这片风景秀丽、美丽富饶的
土地上创造出了属于本民族的独特的民族文化。

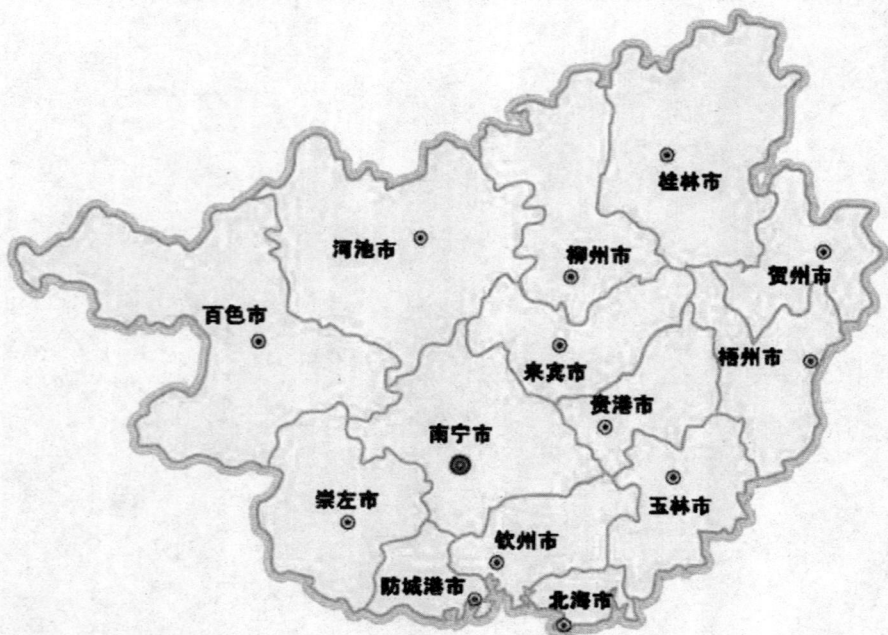

图 5-2

　　在广西壮族自治区,地形较为复杂,各小山、丘陵、河流之间
形成天然屏障,各少数民族因具体的地理位置分布不同,在早期
生产生活中彼此之间也缺乏交流与沟通,这就使得各民族在本民
族生存区域形成了独具特色的民族文化,并能在相对封闭的"文
化空间"内世代传承。

　　由于地形所造成的相对封闭的地区的各民族的生产生活方
式不同,产生了不同的民族文化。广西各民族在生产方式上表现
出一定的差别表现在,其中,壮族、布依族、仡佬族、黎族、水族、毛
南族等民族以种植水稻为主业,被称为"水稻民族";京族和高山
族以渔业为主,农业为辅。

　　不同的生产生活方式促进了不同少数民族的丰富多彩的民
族传统体育运动项目内容与形式的产生。

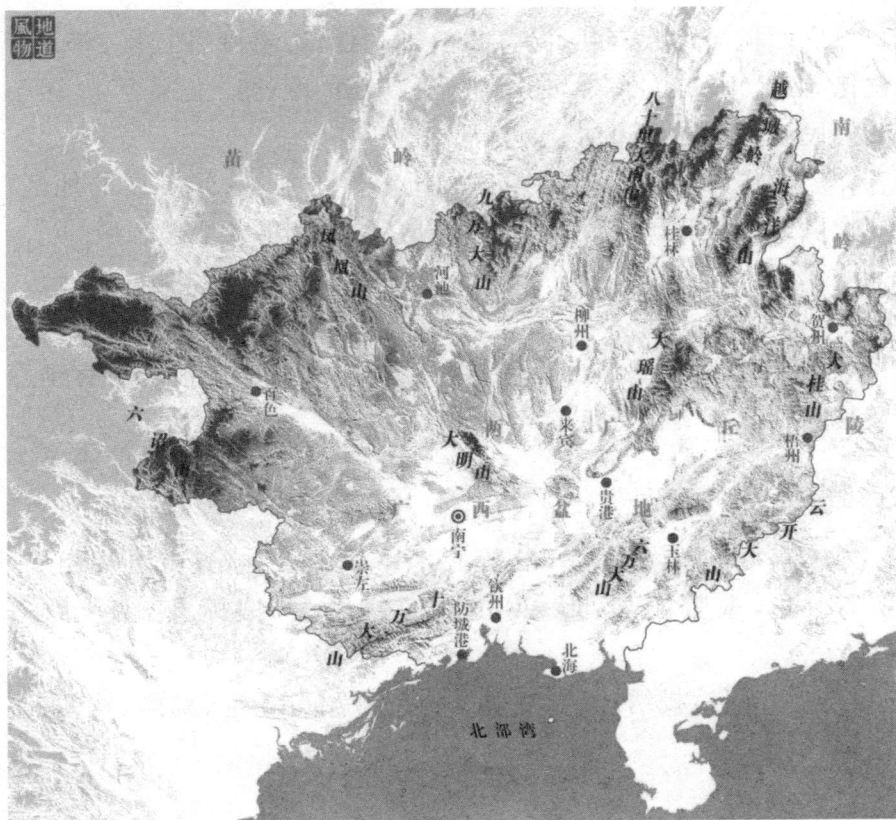

图 5-3

　　广西地区形式多样的民族体育活动表现出浓厚的山水风格。如白族、侗族、布依族的龙舟；瑶族的踩独木划水、游泳；苗族的爬花杆、爬坡杆；侗族潜水摸鱼；土家族的攀藤；白族的跳山羊、老虎跳等。

## 二、广西各民族传统体育内容

### (一)广西地区的民族居住情况

　　我国广西地区，截至 2018 年末，广西户籍人口 5 659 万人，常住人口 4 926 万人。

广西世居民族有壮、汉、瑶、苗、侗、仫佬、毛南、回、京、彝、水、仡佬等 12 个民族,另外,还有满、蒙、朝鲜、藏、黎、土家等 40 多个其他民族人口在此聚居。

广西作为多民族传统体育文化汇聚一地、共同发展的地区,一直以来都是我国民族传统体育研究的一个重要地理区域。

### (二)广西各民族体育内容

对世居、聚居在广西地区的各民族的典型民族传统体育项目及其民族体育文化特色的分析如下。

#### 1. 壮族

体育特色:喜爱武术,壮族武术以拳术著称,具有剽悍粗犷,沉着健稳,拳势刚烈,形象质朴,短打居多,擅标掌、少跳跃等特点。

典型项目:投绣球、春榔争娃、打陀螺、抢花炮、舞狮、特朗、跳花灯、洪拳等。

#### 2. 汉族

体育特色:汉民族传统体育项目众多,对我国其他少数民族体育文化具有重要影响,与其他少数民族传统体育项目相比,汉族民族传统体育深受我国传统哲学思想影响、儒家文化影响,更表现出"中庸"的民族特点。

典型项目:武术、太极拳、蹴球、龙舟、踩高跷、舞龙、舞狮等。

#### 3. 瑶族

体育特色:众多瑶族传统体育项目中,瑶拳发展时间久远,具有迅猛有力、扎实稳健的动作特点,至今仍有保存完好的盘王拳、太极套路练习,盘王棍、关刀、双刀等器械套路,以及对刀、对打拳等对打套路,具有较高的民族武术研究价值。

典型项目:舞香龙、八仙舞、黄泥鼓舞、长鼓舞、蚩尤舞、双刀舞、猴鼓舞、铜鼓舞、狮子上刀山、砍牛、打陀螺、斗鸟、毛莱球、对顶木杠、独木滑冰、独木桥、瑶拳等。

### 4.苗族

体育特色:划龙舟在苗族传统体育项目中具有很高地位;苗族秋千同样具有鲜明的民族体育特色,具体表现在集体打秋千和打秋千时唱歌两个方面;苗族武术在形式、内容、技巧等方面也具有鲜明的民族体育活动特点。

典型项目:划龙舟、秋千、手毽、爬花杆、上刀梯、赛马、射弩、拉鼓、舞狮、打泥脚、芦笙刀、舞吉保等。

### 5.侗族

体育特色:侗族人喜欢武术,尤其喜欢拳术,"拳打卧牛之地"是广大群众对侗拳的赞誉,侗拳属于发展历史悠久的拳系之一,流传于广西北部和湖南省西部,侗族拳术的特点是迅猛刚烈、手足并用、短小紧凑、身法灵活、高低大变、定式稳健、踹击隐秘,但脚法有限。

典型项目:侗族花架、摔跤、黑虎拳、舞龙头、踩芦笙等。

### 6.仡佬族

体育特色:春节、元宵节、拜树节、捉虫节、牛王节等是仡佬族的重要节日,这些节日是仡佬族民族传统体育项目的主要开展时间。

典型项目:高台舞狮、篾蛋球、打花笼、仡佬毽子等。

### 7.毛南族

体育特色:毛南族人民极具智慧,棋类在毛南族人民中间深受欢迎,并有多种形式。

典型项目:同顶、棋类、抛沙袋等。

**8.回族**

体育特色：回族武术颇具特色,具有鲜明的回族文化风格与风俗特点。

典型项目：木球、中幡、掼牛、踢毽、赛马、赛牦牛、射箭、登山、摔跤等。

**9.京族**

体育特色：京族人民依水而居,游泳和潜水也是京族男女极为擅长的两个项目,一般会在夏季和秋季展开捉鸭子比赛。

典型项目：跳竹竿、打狗、游水捉鸭、踩高跷等。

**10.彝族**

体育特色：彝族传统体育项目通常会在彝族欢庆活动和婚丧活动中开展,是彝族人民生活中不可缺少的内容。彝族人擅长射箭与刀术,彝族使用弓和弩的时间悠久,弓弩的制作极为精美。彝族"刀术"具有浓郁的民族特色,将腰刀高抛接住、掷出后跳跃几次后接住是掷刀表演的两种形式。

典型项目：射箭、射弩、摔跤、陀螺、赛马、刀术等。

**11.黎族**

体育特色：黎族跳竹竿运动群众基础深厚,要求参与者具有很高的灵活性,运动中应反应灵活,动作干脆利落、舒展有序,有利于提升参与者的身体素质,实用价值极高。同时,伴有音乐与舞蹈呈现,具有较高的音乐与舞蹈审美价值。

典型项目：跳竹竿、穿标、打狗归坡、赛牛车、顶杠、钱铃双刀、荡绳等。

**12.水族**

体育特色：水族民族传统体育项目大多表现了水族人们的韧

劲和勇气。水族武术与我国传统武术整体表现特征不同,更注重娱乐性。

典型项目:赛马、翻桌子、狮子登高和水族武术。

### 13.蒙古族

体育特色:蒙古族被誉为"马背上的民族",民族传统体育项目具有草原文化、马上文化特点。蒙古族传统体育项目渗透着鲜明的草原民族特征。

典型项目:摔跤、贵由赤、赛马、赛骆驼、射箭、套马、击石球、布木格、打布鲁、打唠唠球等。

### 14.朝鲜族

体育特色:朝鲜族岁时节日中伴有许多竞技游戏,这些游戏逐渐发展成为朝鲜族传统体育项目。朝鲜族摔跤历史悠久,是最普及和最受欢迎的比赛项目,荡秋千与玩跳板主要在端午或秋夕等节日时开展。

典型项目:荡秋千、摔跤、顶罐走、跳板、投骰等。

### 15.满族

体育特色:满族是游牧民族,擅长骑射,很多满族民族传统体育项目都具有鲜明满族风格的项目,如骑马、射箭、赛威呼、采珍珠、双飞舞等。

典型项目:冰嬉、溜冰车、溜冰、双飞舞、采珍珠、射箭、步射、摔跤、追射、打冰嘎、雪地走、举重石等。

### 16.藏族

体育特色:藏族民族传统体育多豪放,体育内容与高原生产生活具有密切关系。

典型项目:赛马、赛牦牛、射箭、登山、摔跤等。

17. 维吾尔族

体育特色:维吾尔族人民善歌善舞,冬季具有丰富的冰雪资源,可开展冰上项目。

典型项目:达瓦孜、打尕尕、滑冰、摔跤、叼羊、"顿巴采"、赛马等。

18. 哈萨克族

体育特色:马术活动是哈萨克族传统体育项目的主要内容,在哈萨克族的重要节日中,通常会安排叼羊、赛马、姑娘追等游戏,这些项目备受许多男性欢迎。

典型项目:叼羊、姑娘追、摔跤、赛马、躺倒拔河等。

19. 土家族

体育特色:土家族人民喜欢运动,积累了许多民族传统体育项目,而且每项活动都有丰富多彩的形式与种类,如贡鸡通常有草鸡、稻草鸡、竹篾鸡,活动分团体赛、个人赛、表演赛等形式;踢毽子包括踢毽、拍毽和抢毽,踢毽子运动形式极为灵活,参与者不受年龄、性别等因素的限制;土家族武术有器械套路 78 套、拳术套路 54 套,稀有器械约 30 多种。

20. 俄罗斯族

体育特色:俄罗斯族尤为喜爱跳舞,跳舞已经融入俄罗斯族人民的日常生活中去,生活中处处可见舞蹈,其中踢踏舞最受欢迎,其特色也最为鲜明,是俄罗斯族人民的代表性民族舞蹈。

典型项目:嘎里特克。

21. 塔吉克族

体育特色:塔吉克族的民族传统体育运动项目与民族传统节日活动经常结合在一起开展,具有浓厚的节日气氛,并且赛马、叼羊这两项民族传统体育项目与其他民族的赛马、叼羊项目活动具体的场地、规则也有所不同。

典型项目：赛马、叼羊。

### 22.乌孜别克族

体育特色：传统体育项目的开展时间和乌孜别克族相关节日相同。

典型项目：摔跤、赛马、叼羊等。

### 23.鄂伦春族

体育特色：鄂伦春族是传统狩猎民族，自古以来，鄂伦春族人都将狩猎作为重要活动，鄂伦春族人自小就生活在马背上，赛马是鄂伦春族人民不可或缺的体育活动。绝大部分鄂伦春族人的射艺水平都很高，鄂伦春族的许多民族传统体育项目，如射击、皮爬犁比快也都是从游牧过程中析出的技能活动。

典型项目：赛马、射击、桦皮船、皮爬犁、斗熊等。

### 24.柯尔克孜族

体育特色：柯尔克孜族人民的民族传统体育项目从本质上反映了该民族能牧善骑的民族特征。柯尔克孜族传统体育都与其民族早期的生产生活有着密不可分的联系。

典型项目：赛马、叼羊、马上角力、飞马拾银、秋千、姑娘追、走马、日下赛跑等。

### 25.达斡尔族

体育特色：达斡尔族传统体育项目在达斡尔族具有广泛的群众基础，这些民族传统体育项目与早期达斡尔族的生产生活紧密相连，并且具有较强的竞技特点与价值，深受达斡尔族人民的推崇，很多项目还被列入中小学体育运动教学，达斡尔族非常重视民族传统体育的健身推广与教学传承。

典型项目:波依阔、寻棒、比颈力、滑雪等。

26.景颇族

体育特色:景颇族人喜爱武术,景颇族刀术最为出名,包括景颇族刀术拥有很多种形式,大致包括"彪赞拳"和"文蚌拳"两种类型,目前主要出现在民族节日表演活动中。

典型项目:摔跤、刀术、秋千、射击等。

27.高山族

体育特色:高山族民族传统体育多从日常生产、娱乐、交往活动中发展而来,如背篓球是在高山族青年男女参与生产活动时投掷槟榔表达爱意的基础上发展而来的。竿球(刺球)则是早期山林采集中形成的劳动技能逐渐演变发展而成的体育项目,具体用顶端削尖的竹竿去刺向高空抛起并下坠的球,以命中数量多少评定输赢。

典型项目:背篓球、竿球等。

28.畲族

体育特色:畲族传统体育项目兼具竞技性与趣味性,活动形式多样,单人、双人、集体等形式均可开展。

典型项目:操石磉、赛海马、站桩、抢山猪头、斗牛、打尺寸、畲族拳等。

29.拉祜族

体育特色:拉祜族男女老少均善射,在拉祜族民族传统体育项目中,蜡河毕是拉祜族少女和儿童参与的民族传统体育项目。

典型项目:射弩,卡扒、蜡河毕、卖切切(踢脚架)等。

30.东乡族

体育特色:东乡族民族传统体育项目中,各民族体育项目均有深厚的群众基础,各种民族传统体育项目形式多样,其中,赛马主要形式分别是耐力赛、速度赛、花样赛等;东乡族将摔跤称之为"巴哈邦地",常见样式有"揽腰抱""花花抱""后腰抱"等;打鞭子趣味性强,有单人、双人、集体等比赛形式。

典型项目:赛马、骑木划水、打鞭子比赛、人牛泅渡等。

### 31.撒拉族

体育特色:撒拉族传统体育项目大多具有很强的娱乐性。大多数撒拉人都具备较高骑术,很多撒拉族人从小就喜欢和经常参与骑马运动,各种马上技能高超,如骑马射击、镫里藏身、骑马劈刀等。

典型项目:打蚂蚱、拔腰、打缸、蹬棍等。

### 32.保安族

体育特色:保安族的各种民族传统体育运动项目形式多样,项目活动节奏快、具有冒险刺激性,在培养保安族人们坚强意志品质方面发挥了重要作用。

典型项目:打五枪、抱腰、抹旗、羊皮筏子、牛皮袋竞渡等。

### 33.怒族

体育特色:怒族人民的生活环境决定了其具有其他民族所少有的民族传统体育项目。相传,溜索是怒族祖先将竹篾扭成竹索,把竹索拴在箭上,使出最大力量射向对岸,然后有效固定横在江上的竹索。溜索作为一种特殊的水上交通工具并发展为一种民族体育运动,反映了怒族独特的生活方式。

典型项目:爬溜索、射箭、跳高等。

### 34.德昂族

体育特色:德昂族传统体育项目深受德昂族人民的欢迎,通常会在欢庆节日时举办。

典型项目：射弩、梅花拳、左拳。

## 35. 裕固族

体育特色：在裕固族众多传统体育项目中，赛马最受欢迎，在裕固族的传统节日、庙会、宗教祭祀、婚礼等活动中经常会出现赛马活动，此外赛骆驼、射箭、摔跤也是裕固族常见节庆日体育活动。

典型项目：赛马、赛骆驼、顶牛、射箭、摔跤、打蚂蚱等。

## 36. 独龙族

体育特色：独龙族新年过后都会开展射猎庆典，民族传统体育项目活动的开展与祭祀活动结合开展。

典型项目：耶路里得楞（赛马）、夏巴（射箭）等。

## 37. 赫哲族

体育特色：早期赫哲族人民以渔猎为生，捕鱼是赫哲族人民维持生计的主要手段，由此产生了各种与捕鱼相关的体育活动，如"叉草球"，主要在南方捕鱼旺季开展，即春季、夏季、秋季，活动中，叉球者把叉投至空中的草球或在地面上滚动的草球，叉中数量较多的人获胜。

典型项目：叉草球、快马小赛、打爬犁等。

## 38. 基诺族

体育特色：竹竿是基诺人参与体育活动所需的器械，顶竹竿、翻竹竿、扭竹竿、爬竹竿等是常见比赛形式。此外，射弩和射箭属于基诺族人时常开展的活动，另外打毛毛球深受妇女欢迎。

典型项目：射弩、顶竹竿、跳嘎、牛尿泡球、打陀螺等。

## 39. 哈尼族

体育特色：在哈尼族节日中，磨秋同样是不可或缺的一项传统体育项目,具有相对深厚的群众基础。

典型项目:陀螺、跳高跷、摔跤、磨秋等。

### 40.纳西族

体育特色:纳西族传统体育项目较多,绝大部分传统体育项目都是在纳西族相关节日时开展。磨担秋、荡秋、打秋节等是纳西族传统体育项目。除此之外,纳西族赛马、射箭也有着悠久历史,纳西族射箭项目举办时间是每年正月初九与十二祭天时。

典型项目:秋千、赛马、东巴跳、占占夺、丽江球等。

### 41.锡伯族

体育特色:早期锡伯族人以狩猎为生,早期狩猎生活时代,诞生了许多锡伯族民族传统体育项目,这些民族传统体育项目对于提高锡伯族人身体素质、塑造坚定毅力是该项目的主要价值,这些项目还反映了锡伯族人民开朗、豪爽的性格。

典型项目:射箭、滑冰、打瓦("打靶")、摔跤、踢熊头、原嘎拉哈、打螃蟹等。

### 42.布朗族

体育特色:在少数民族中通常有"男女授受不亲"的习俗,然而布朗族的女子和男子一样精明、能干,参与体育不仅是男子的特权,女子也有参与各种体育活动的自由,布朗族还有男女混合参与的体育活动,其中,"亚都都"、斗鸡最具代表。

典型项目:"亚都都"、爬杆、斗鸡、藤球、射箭等。

### 43.傈僳族

体育特色:傈僳族的各种民族传统体育项目都极具民族特色,顶牛是傈僳族人民模仿牛羊打架相角抵的一种较力对抗;弩弓射人是傈僳族人民采集与狩猎竞技过程中不断演变的;泥弹弓也是从射击活动中发展而来的一种体育活动。傈僳族的民族传统体育项目大多具有鲜明的竞技性特征与娱乐性特征。

典型项目:顶牛、弩弓射、打陀螺、上刀杆、泥弹弓等。

### 44.佤族

体育特色:摔跤在佤族人民心中占有重要位置,绝大部分佤族人民都会摔跤;佤族人民在很小的时候就会练习弩,大多数佤族人们都有较高的射弩技术。

典型项目:摔跤、弩弓、射刀刃、高跷、脚斗、武术等。

### 45.傣族

体育特色:傣族跳竹竿具有深厚的群众基础,打竿与跳竿是跳竹竿的两种类型。此外,傣族武术在当地流传广泛,傣族武术简单易学,动作集刚烈和柔和于一体,节奏感强,常用象脚鼓和锣作为伴奏用于表演。

典型项目:武术、打陀螺、跳竹竿、傣拳等。

# 第二节　广西民族传统体育的功能与特点

## 一、广西民族传统体育的功能

### (一)健身功能

健身功能是体育的基本功能,广西民族传统体育在促进广西地区各少数民族的身体健康发展方面具有重要的作用。

从运动生理学的角度分析,广西地区各少数民族传统体育的健身价值具体表现如下。

#### 1.增强身体素质

#### (1)增强力量素质

广西民族传统体育中的许多体育运动项目都对运动者的力

量素质有较高的要求,如苗族武术、打陀螺、舞龙、舞狮、赛龙舟等,通过这些民族传统体育运动项目的参与,能有效提高运动者的力量素质。

(2)增强耐力素质

广西民族传统体育中有很多体育运动项目对运动参与者的耐力素质的提高具有重要的运动价值,如抢花炮、盘王棍、踢毽、摔跤、跳竹竿等。在运动参与过程中,可锻炼和增强运动者的机体各方面耐力素质。

(3)增强灵敏素质

运动实践表明,坚持参与传统体育运动,可以增强运动者的各感受器官功能,提高运动者的分配与集中能力,促进肢体动作的精细化,有助于提高运动者的灵敏素质。

在赛马、跳竹竿、踢毽、背篓球、姑娘追等广西民族传统体育运动项目中,要争抢目标物、占据有利位置、躲避人与物等,都需要运动者具备良好的灵敏素质,经常参与可提高运动者的动作敏捷性。

2.提高生理技能

经常参加广西民族传统体育运动能够提高身体机能水平,可表现在运动者的神经过程的均衡性和灵活性增加;心脏活力增强,血液循环加快,新陈代谢加快;肺活量增加,呼吸深度增加;骨骼更加结实粗壮,关节更加灵活、韧带可拉伸幅度增大等方面。具体分析如下。

(1)提高神经系统机能

神经系统是人体主要的调节机构,人体中,各器官、系统功能的实现需要神经系统的控制与协调,各种运动技能的学习与形成都是在神经系统直接或间接的控制下协调完成的。

在广西民族传统体育的各运动项目练习中,不同的民族传统体育项目对运动者的身体素质要求不同,运动节奏与运动负荷不同,运动者的动作的轻重、快慢、缓急等变化,能促进身体神经中枢的灵活性和协调性得到锻炼和增强。

（2）提高心血管系统机能

心血管系统是人体重要生理系统，为生命体的存在、人体基本生理活动、身体运动提供必要的血氧和各种营养物质，以保证机体能在各种身体活动中保持活力。

我国广西民族传统体育运动内容丰富，各民族的民族传统体育项目参与中，无论参与哪一种民族传统体育项目，身体的活动状态都与运动者在安静状态下的身体活动状态不同。身体活动的兴奋必然会要求运动者的心血管系统工作的兴奋，运动中运动者的有机体需要消耗大量的血氧，经常参与各种内容、形式的民族传统体育运动项目，能使得运动者的心血管的系统得到锻炼，可促进心血管系统机能水平的提高。

（3）提高呼吸系统机能

广西民族传统体育运动对呼吸系统机能的改善与对心血管系统机能的改善原理是相同的，即在民族传统体育运动过程中，机体的呼吸系统需要为机体的运动参与提供足够的氧气，以满足机体运动的耗氧需求，因此可有助于机体呼吸系统机能的提高。

（4）提高运动系统机能

人体运动系统由肌肉、骨骼和关节所组成。广西民族传统体育运动对人体运动系统机能的提高具体分析如下。

肌肉方面，对广西民族传统体育运动不同体育运动项目的参与，需要机体的身体积极参与，肌肉运动是运动者完成各种动作的基础，在丰富多样的身体动作完成过程中，可使得肌内纤维、韧带和关节得到锻炼。

骨骼方面，对广西民族传统体育活动参与可促进骨骼生长发育、强健，身体活动中的各种动作的完成可实现不断地对骨骼牵拉，使骨骼中血液供给得到改善，使骨的形态结构和性能都产生良性变化。

关节方面，长期参与民族传统体育运动项目有助于运动者增强关节韧带的灵活性和柔韧性,可提高身体关节灵活性。

### 3.增强身体抵抗力

参与广西民族传统体育运动,各种运动内容和形式都充分考虑了运动者的身体的良性发展,运动者的身体素质的提高和生理机能的完善,能使运动者更好地应对自身可能的病变与外界自然环境中不健康因素的侵害,增强身体抵抗力。

### (二)健心功能

### 1.愉悦身心

民族传统体育都是各族人民群众喜闻乐见的体育运动项目和活动,同时还与本民族的节假日、民族习俗紧密结合在一起,具有雄厚的群众基础,男女老少都乐于参与。

广西地区民族众多,每一个民族都有自己民族丰富的民族传统体育活动,这使得整个广西地区的民族传统体育不仅内容丰富、形式多样,还具有非常显著的民族特征。当前,人民生活水平不断提高,单纯的物质条件已经满足不了人民对生活的追求,因此,为了追求心理的满足和对健康的渴望,多元化的民族传统体育活动成为各民族人民在生产生活之余从事健身、养生、娱乐、社交的重要活动选择。

通过参与各种形式的民族传统体育运动,能使身体得到有效的锻炼,同时,也能使心情愉快,使人在享受运动快乐的同时还能感受民族文化的魅力。

### 2.舒缓情绪

从运动心理学的角度来说,运动可消除个体的不良情绪和感受,对个人情绪的疏导是十分有利的。

广西文明从古发展至今,其各族人民早已踏入现代文明社会,他们致力于建设现代社会文明并享受着现代社会文明。现代社会生活节奏快,各方面压力大,每一个人都要面临着来自生活、学习、工作等多方面的压力,这些压力促使人们身心俱疲,身体超负荷运转使身体时常处于亚健康状态(精神衰弱、睡眠不良、身体机能下降),心理方面由于不断积累各种压力而可能长期处于心理情绪的一个亚健康状态(焦虑、浮躁、抑郁、消极等)。运动是一种很好地释放个人不良情绪的方法,积极参与各种类型的运动可释放不良情绪,缓解身心压力。

通过参与各种内容与形式的民族传统体育活动,运动者可有精神抖擞、高度兴奋的感觉,此外,感受不同民族的体育文化和民族风情,享受民族节庆日带来的欢乐气氛,能有助于个体不良情绪的舒缓和消除。

### 3.丰富情感

运动参与过程本身就是一个感受不同运动情感的过程,能丰富个体的运动情感,如运动者在练习的过程中,不仅要做到动作的神似,更要注重思想和内心情感的引导。而这种特殊的内在思想和情感能促使自我成就的认识和情感体验产生;再如运动中的不同运动角色的扮演,可以令个体有机会感受不同的情感体验,促进个体情感的丰富。

广西民族传统体育中的每一项民族传统体育都是一个民族的文化表现形态,其中蕴含着丰富的民族情感,这种民族情感也同样能引起运动参与者的情感共鸣。

### 4.完善心理

民族传统体育活动参与不仅可以完善个人心理,还可以完善民族心理。

体育运动参与促进身心健康是一个需要长期坚持参与的过程,可以伴随人的一生。因此,对于运动者来说,参与体育运动,尤其对少数民族运动者来说,选择本民族的体育活动参与,情感和心理上更容易产生亲近感,如果长期坚持,民族传统体育中所蕴含的民族文化、民族精神等都能在体育运动参与过程中潜移默化地影响运动者,个体可以选择表现自己的个性,如塑造拼搏进取的人格精神、追求内心的自我超越或表现健康向上的生命力。它还可以促进运动者关注自我健康发展、关注他人、关注自然,在长期的体育活动参与过程中形成良好的意志品质、心理品质。

此外,在参与本民族的民族传统体育活动过程中,还能形成良好的民族心理,热爱本民族的文化,学习与弘扬本民族的民族精神。

### (三)社会性功能

#### 1.增进民族情感,增强民族凝聚力

民族传统体育作为一个民族的重要民族文化,民族传统体育活动参与有助于增进同一个民族的同胞之间的情感、促进各民族之间的情感交流。

广西民族传统体育内容丰富,为各民族人民的日常生活增添了许多民族情趣和活动乐趣,可以极大地丰富广西地区各民族人民的业余文化生活。同时,在广西地区丰富的民族传统体育文化中,有许多体育项目和文化活动内容是当地人(各民族人民)重要的节庆活动内容和文化代表内容。在重要的节庆中,民族传统体育文化活动的开展能增加本地区、本民族的集体归属感。

在民族传统体育参与过程中,相同的文化认同感、归属感使得一代又一代中华儿女为本民族的优秀传统文化而感到自豪和骄傲,因此,民族传统体育活动长期参与可增强民族的向心力和凝聚力。

#### 2.丰富社会生活,形成良好社会氛围

民族传统体育的积极推广与普及,有利于民众在闲余时间形成一种健康的生活方式、积极向上的生活态度。

民族传统体育活动推广与参与,对社会文明建设具有重要意义。具体来说,在广西地区广泛宣传与鼓励各族人民积极参与各种民族传统体育活动,通过民族传统体育文化鼓励人们通过参与体育来热爱生活、享受生活,积极促进自身人格的完善,这是人的自身和谐和社会和谐的重要基础。

### 3.促进民族文化传承

各民族传统体育的积极参与,有助于各民族的传统体育能始终在本民族人民中存在、参与、传承,同时也有助于其他民族对本民族体育文化的知晓,这对于民族传统体育文化的挖掘、整理、学练、传承是具有积极的促进作用的。

纵观我国各地区的民族传统体育文化的发展,有很多民族传统体育文化就是因为缺少参与者、传承者而逐渐消失在历史长河中的,最终导致失传。

广西地区拥有众多的民族,各民族的民族传统体育文化各不相同,一个民族积极发展本民族的传统体育及其文化,可以带动和促进更多民族积极发扬和传承本民族的传统体育文化,如此可促进整个广西地区的各民族传统体育文化的源远流长。

### 4.各民族团结共建,各民族共同繁荣

对于广西地区的各民族和睦而言,促进广西地区社会关系和谐、各民族经济共同繁荣具有重要促进意义。

中华民族传统文化是一个完整的、包罗万象的文化体系。在其发展过程中,文化增强民族认同感和凝聚力的功能充分显现出来。各民族传统体育文化是我国传统文化的重要一部分,和谐社会的构建需要多元文化的共同参与。

各民族传统体育活动在广西地区的广泛开展,有助于广西地区的现代社会背景下的和谐社会关系的建立,有助于缓解各民族之间的内部矛盾、民族矛盾、社会矛盾,调动各族人民相亲相爱,改善人际关系和民族关系,促进民族共建,实现各民族共

同繁荣。

## 二、广西民族传统体育的特点

广西地区民族传统体育具有民族传统体育的一般特点,同时,还具有本地区、本民族特有的民族体育文化特点,具体分析如下。

### （一）地域性特点

广西地区的少数民族,尤其是世居在这里的民族,其生存生产的自然地理环境与我国其他地方的地域环境是不一样的,即使有相似,也是具有独特地域特征的,因此在该地域所产生的民族文化是必然具有地域性特点的。

广西民族传统体育的地域性特点表现在如下几方面。

#### 1.地域文化特色

广西地区地形地貌复杂,各少数民族或依山而居、依水而居、依林而居,在不同的自然和社会生活环境中创造了属于本地区民族特有的文化,表现出浓厚的地域色彩与风情,不同的地域人文环境、心理和性格差异,还使得本地区的各民族体育文化的异质性差异,进而形成了不同的民族体育文化的差异,如风俗习惯、民族心理等。这种地域性是民族传统体育产生、发展的重要基础。

#### 2.地域文化种类与数量

从区域范围来讲,汉族聚集的地区,民族传统体育项目和文化形式多、少数民族聚集地区,民族传统体育项目数量较少、文化形态也少。广西地区,尽管有着许多少数民族种类的存在,但是从整体数量上来讲,民族传统体育数量并不多。

### 3.地域文化传承劣势

从经济发展与文化传播的关系来看，一般的，经济发达地区的民族传统体育的影响范围就更大，民族文化传播范围更广。广西民族传统体育的地域性特点还表现在，在全国范围内，广西地区经济发展落后，民族传统体育文化更具原生态性，但同时也面临着系统性、教育性传承发展不足的问题。

## （二）民族性特点

广西地区是一个以壮族人民为主，其他多民族大聚居的地区，不同民族共同生活着这片地理区域，但是却受各种客观因素的影响，产生了不同的民族文化。

广西民族传统体育的民族性具体分析如下。

### 1.民族体育文化共性

广西少数民族地区的民族传统体育文化的产生与该地区民族的早期生产生活有关。纵观人类生产方式，或以农业为主，或以游牧为主，或以渔猎为主，在各个不同区域结合当地的自然条件，总会产生相同的主要生产生活方式，因此，各个地区的民族可能依靠同一种生产方式生活，就会产生同一种体育运动形式。另外，我国少数民族人民大多能歌善舞、能骑善射，由此也会产生十分相近的传统体育项目，如各地区许多民族都有赛马、射箭、武术等。这些民族传统体育文化表现出一定的共性，但又是完全不同的民族体育活动。

### 2.民族体育文化个性

广西地区多民族杂居，不同民族之间的文化相互影响、相互渗透，但是每个民族都有属于本民族的独有的民族传统体育文化形态，其表现出民族体育文化个性，这种民族体育文化个性说明了具体民族传统体育项目与活动的不可替代性。

# 第三节　广西民族传统体育与节庆文化

## 一、广西民族传统节庆日

### (一)汉族传统节庆日

汉族在我国全国各个地区均有分布,广西地区也不例外。汉族的一般节庆日主要有春节、元宵节、清明节、端午节、中秋节、中元节、重阳节等。在这些节日中,汉民族人民会进行一些庆祝、祭祀活动。此外,还有相应的节令的体育活动的参与,如舞龙、舞狮、踩高跷、扭秧歌、龙舟、登高、秋千等。

### (二)少数民族传统节庆日

正如前面所提到的,广西地区各少数民族众多,除了世居的十余种少数民族,另外还有四十余种少数民族,这些民族都有属于本民族的民族节日、民族信仰(表 5-1)。民族传统体育与民族节庆日有机结合在一起,会开展各种各样的庆祝、祭祀、体育表演、体育竞赛等活动。

表 5-1　我国少数民族的节日(部分)

| 民族 | 节日 |
|------|------|
| 壮族 | 春节、三月三歌会(祭龙节)、陀螺节等 |
| 苗族 | 苗年、龙舟节、花山节等 |
| 蒙古族 | 旧历新年、祭敖包、那达慕、马奶节等 |
| 回族 | 开斋节、古尔邦节、圣纪节等 |
| 满族 | 春节、添仓节、二月二"锁龙"、端午、六月六"虫王节"等 |

| 民族 | 节日 |
|------|------|
| 朝鲜族 | 春节、清明节、端午节等 |
| 藏族 | 藏历新年、转山会、采花节等 |
| 侗族 | 赶歌会、姑娘节、斗牛节、花炮节等 |
| 傈僳族 | 收获节、过年节等 |
| 维吾尔族 | 肉孜节(开斋节)、库尔班节(古尔邦节)等 |
| 哈萨克族 | 开斋节、古尔邦节、纳吾鲁孜节等 |
| 鄂温克族 | "米阔鲁""祭敖包""乌日贡"等 |
| 白族 | 火把节、耍海会、拜日望等 |
| 彝族 | 插花节、火把节等 |
| 保安族 | 开斋节、古尔邦节等 |
| 仫佬族 | 春节、牛生日、祭真武等 |
| 傣族 | 泼水节等 |
| 独龙族 | "卡雀哇" |
| 怒族 | 春节、仙女节等 |
| 水族 | 端午节 |
| 羌族 | 日羌节 |
| 京族 | 唱哈节 |
| 锡伯族 | 抹黑节、西迁节等 |
| 瑶族 | 盘王节、达努节、干巴节等 |

## 二、广西各民族传统重要节庆日的体育文化活动

### (一)春节:舞春牛、打春堂、跳竹竿

春节,俗称"年节",也称新年、大年,是中华民族的重要传统佳节,是汉民族的重要传统节日,也有其他少数民族非常重视春

节。春节的起源,说法不一,但大多倾向于早期的祭祀活动,源于腊祭、巫术仪式等。在重视过春节的各地区,人们都会将这一天作为岁首,视为新的一年的开始,会举办各种庆祝活动。

### 1. 舞春牛

春牛,即土牛,舞春牛也称"迎春午",始于元明时期。是广西靖西市地区流行的一种古民俗体育活动,也是壮族传统民族民俗活动。

每逢新春,壮族人民都会用泥塑(古时)或纸扎、竹片编织春牛,用纸和布制成牛头、牛角、牛身,舞春牛者两人一组,钻进牛身下,一人支撑牛头,一人支撑牛身,还有其他人在旁敲锣打鼓、领唱春牛歌,这些表演者走街串巷,每到一处都会引得许多村民微观,欢声笑语,好不热闹。

壮族的舞春牛活动可以从初一一直闹到元宵节。舞春牛活动不仅为壮族人民带来了节日的欢乐,也寄托了壮族人民对来年丰收的美好祝愿,迎春牛表示劝农,有些地方的青年男女还会在这一天对歌,问候节气、农事,向春牛投棉子,祝愿来年丰收,并交友择偶。

### 2. 打春堂

打春堂是平果一带的壮族人们的春节习俗和娱乐活动,主要活动形式是用捣米之杵敲击木槽,或用扁担敲击板凳,因此,也称"打扁担"。

小规模的打春堂会在庭院内举行,大规模的打春堂会在村子空旷场地开展。活动中,少则三两对多则十余对男女老少手持杵或扁担,排于春堂或长板凳两侧,类似杵米有节奏地敲击,间或敲打堂或板凳,发出节奏整齐、声音响亮的敲击声,并有锣鼓伴奏。每每表演,会有村民围观,大规模的打春堂活动可全村成百上千人围观,场面宏伟,再现了壮族人们舂米的过程。大规模的打春堂,还会有耕田、插秧、收割等表演,用于庆祝丰收和预祝丰收。

### 3.跳竹竿

跳竹竿,俗称"竹竿舞""打柴舞",是我国彝族的重要民俗体育运动项目之一。跳竹竿活动的起源与黎族丧事活动联系密切,蕴含着浓郁的民族和宗教的色彩。《崖州志》卷十三《黎情》记载:"丧事,贫曰吃茶,富曰作八,作八必分花木,跳击件。"①跳竹竿在广西多个民族中存在。

跳竹竿,黎语称"卡略",最早是用于黎族人们的祭祀活动,距今已有数百年的历史,有着浓郁的地域风情和乡土气息。

在我国广西地区,一般来说,各少数民族的"跳竹竿"每年从开春之日起直至元宵,人们欢聚一堂,进行跳竹竿的表演和比赛,庆祝丰收,祈祷来年好收成,常常几日几夜欢跳不息,热烈气氛充溢着山坡村寨。

目前,"跳竹竿"习俗已经褪去祭祀色彩,成为一种民族体育健身活动,并不仅在我国广西地区流传盛行,在全国各地都很受欢迎,每年都会有很多游客来到广西地区,观看当地民族的"竹竿舞"。"竹竿舞"作为广西当地体育旅游中一项重要的表演和体验项目,也吸引了许多国外游客,他们称赞跳竹竿是"世界罕见的健美操"。

### (二)元宵节:舞龙、舞狮

元宵节,又称上元节、元夕、灯节,是我国的一个重要民间节庆日。元宵节始汉朝,汉文帝时,将正月十五定为元宵节,我国古代,各朝各代都非常重视元宵节,每逢元宵佳节,在宫廷中和民间都会进行盛大的庆祝活动。在元宵节,君民同乐,"自夜达旦"。我国各地,都会在元宵节开展各种庆祝活动,常见的主要有耍龙灯、耍狮子、划旱船、打太平鼓等,增添了节日气氛和民族祥和之气。

---

① 周开敏.广西壮族自治区民族传统体育跳竹竿的研究[D].北京体育大学,2013.

## 1. 舞龙

舞龙运动由来已久，其源于我国古代对龙图腾文化的推崇。早期人类相信，龙掌管着雨水和海水，龙总是和风雨同在。在殷商时代的甲骨文中，有向龙卜雨的甲片，当时，用来求雨的祭祀舞蹈非常普遍。

在我国古代，每逢干旱时节，人们希望通过舞龙，使得地上之龙与天上之龙相感召来求雨，人们寄托于对龙的祭祀活动期待甘霖。汉代的"鱼龙漫衍"之戏，被视为是舞龙运动的前身。

舞龙运动作为一项民俗体育活动兴盛于唐代，多在元宵节举办盛大的舞龙表演，元宵节观灯、舞龙是最重要的两个活动项目，世代相传至今。

在我国各地，舞龙活动内容与形式多元。在我国广西地区，各民族有不同的舞龙活动与形式，如布龙、纸龙、板凳龙、百叶龙、香火龙、草龙等。

舞龙活动广泛流传于我国各地民间，表现出整个中华民族的百折不挠、喜庆祥和的精神面貌，是一种重要的中华民族文化。

## 2. 舞狮

狮子的源生地为西亚和非洲，是外来物种。据史料记载，公元 87 年，西域大月氏和安息等国将象征吉祥、威武的狮子作为礼物送到我国，朝廷视为瑞兽。

舞狮，又称"狮子舞""玩狮子"。据考证，三国时期舞狮运动就已经出现，《汉书·礼乐志》中记载："若今戏鱼、虾、狮子者也"。唐朝时期，舞狮运动在民间和宫廷都十分流行。宋代《东京梦华录》和《梦粱录》中，清代《走会》图中都有关于舞狮的场景描述（描绘）。

长期以来，舞狮运动既是我国一项传统的民间艺术（石刻、绘画、陶塑、刺绣等），又是一项具有独特民族风格、流传很广的民俗体育运动。每逢过春节和元宵节都会表演舞狮，以示欢度节日、国泰民安、吉祥如意。

我国民间各地舞狮活动风俗不同、风格各异（图5-4）。

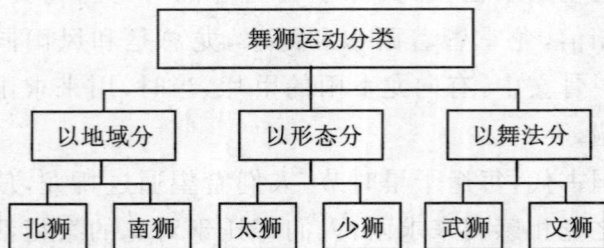

```
              舞狮运动分类
      ┌───────────┼───────────┐
   以地域分      以形态分      以舞法分
   ┌───┴───┐   ┌───┴───┐   ┌───┴───┐
  北狮    南狮  太狮   少狮  武狮   文狮
```

图 5-4

在我国广西地区，舞狮是当地各少数民族经常在元宵节开展的节庆体育表演活动，主要风格是"南狮"，以神似为基础，结合武术动作，塑造夸张、浪漫的狮子艺术形象，各民族的舞狮活动具体的形态、舞法各异。

### （三）端午节：龙舟竞渡

端午节，指我国农历五月初五，亦称"端阳节""午日节""龙舟节""浴兰节""诗人节"等。端午节与我国爱国诗人屈原有着密切的联系，每逢端午节，我国各地都会开展包粽子、纪念屈原、龙舟竞渡活动。

龙舟竞渡历史悠久，最早是古越族人祭水神或龙神的一种祭祀活动，战国以后龙舟活动与纪念屈原联系在一起，在端午节前后举行。

唐宋时期，端午龙舟竞渡规模达到鼎盛时期，全国各地都有赛龙舟的活动。唐代诗人储光羲的《官庄池观竞渡》描写了唐代长安著名的官庄池中龙舟比赛："落日吹箫管，清池发棹歌，船争先后渡，岸激去来波……"。《东京梦华录》卷七记载，开封府官方会举行大型的龙舟比赛，水边水殿设"观争标（赛龙舟）赐宴"的看台，两岸彩旗飞扬，有总指挥船"约长三四十丈，阔三四丈"，水中小龙船20只，虎头船10只，龙舟鸣锣击鼓出阵，岸上观众欢呼起舞,场面十分宏大。

中华人民共和国成立后,我国端午龙舟竞渡获得了更加规范化的发展,极大地普及和宣传了我国龙舟文化。

在我国广西地区,在端午节也会有龙舟表演和比赛活动,龙舟竞渡还有效地带动了当地体育旅游业的发展。

# 第六章  广西民族传统体育对和谐社会构建的促进性研究

体育与社会发展具有非常密切的关系,广西民族传统体育的科学化发展对广西地区的社会化建设以及我国和谐社会构建具有重要的促进作用。本章以广西民族传统体育为文化发展典型,通过社会视域观察和分析广西民族体育在当下的发展,并通过对广西民族传统体育在社会建设中的各种促进作用进行分析,以为新时期更好地普及和宣传广西民族传统体育,鼓励更多人参与广西民族传统体育,并通过社会大众的体育参与构建良好的社会关系,为促进当地社会经济、文化的发展助力。

## 第一节  社会视域下的广西民族体育发展

### 一、社会经济转型背景下的广西民族体育发展

#### (一)社会经济转型发展

当前,我国进入社会经济转型的关键时期,我国社会经济与以往相比发生了重大的变革。

改革开放 40 年来,我国经济发生了重大的变化,我国社会经济的供需关系问题日益凸显,传统社会市场经济中,拉动我国经济增长的"三驾马车":投资、消费、出口,从市场经济运行的结果出发,对宏观调控进行短期逆周期调节,从经济发展和运行过程来看,

是从结果对过程的倒推和控制。目前,这种单纯重视市场"供给"的经济发展模式已经不适应我国当前的经济发展需求了。

随着人民生活水平不断提高,人民群众的消费观念和意识也得到了很大的提升,花钱投资健康、投资生活的人越来越多,我国消费市场也开始由最初的企业主导消费者消费,转向消费者引导企业生产,市场发展由卖方市场转向买方市场。

为适应当前我国社会经济发展新形势,为我国经济发展指明方向,我国政府提出了"供给侧"经济改革,强调顺应经济发展的过程,从市场经济主体入手,通过鼓励企业创新、促进淘汰落后、降低税费负担等方式,增强我国的经济发展实力。在社会经济转型新时期,改革经济发展结构,是我国各行各业必须面临的改革问题。

经济结构改革要求体育产业应从以下几方面入手进行相应改革。

(1)体育企业在市场竞争要做好预算、避免资源浪费,让企业实现利润最大化、让消费者实现剩余最大化。

(2)体育产业发展过程中,各产业之间存在前后关联,要实现体育产业内部结构的合理化,这些产业部门之间应保持恰当的比例。

(3)注重消费者市场分析,合理规划生产、营销,做到产销对路。

(4)重视创新,企业的技术进步程度将直接决定其市场竞争力大小。

**(二)广西民族体育市场化发展策略**

1.优化体育产业结构,调整广西民族体育在本地体育产业中的地位

体育产业是有关体育的一切生产、经营等活动的综合。根据体育产业所提供的消费品,可将体育产业分为体育物质(配套)产品和体育服务产品,具体产业细分如图6-1所示。

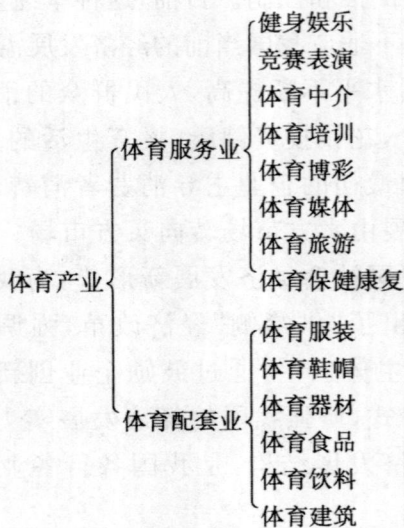

```
                                    ┌ 健身娱乐
                                    │ 竞赛表演
                                    │ 体育中介
                                    │ 体育培训
                          体育服务业 ┤ 体育博彩
                                    │ 体育媒体
                                    │ 体育旅游
                                    └ 体育保健康复
        体育产业 ┤
                                    ┌ 体育服装
                                    │ 体育鞋帽
                                    │ 体育器材
                          体育配套业 ┤ 体育食品
                                    │ 体育饮料
                                    └ 体育建筑
```

图 6-1

　　根据体育产业体系分类，可以将广西民族体育产业与宏观体育产业体系分类进行一一对应，找出当前最具发展潜力的民族体育产业内容，并重点发展该产业，使其带动民族体育产业的其他产业内容的发展。

　　就当前我国体育市场需求分析来看，广大群众在民族传统体育产品和服务两个方面的需求都在持续增长。针对于此，要想向广大群众参与民族传统体育活动提供更多便利，就有必要进一步增加对民族传统体育产业结构的优化力度，尽最大努力向广大消费者提供良好的服务。

　　2. 重视广西民族传统体育竞技表演业的发展

　　竞赛表演业是民族传统产业的构成部分之一，加快有关民族传统体育的竞赛活动与表演活动是为民族传统体育产业注入发展活力的一种有效方式。

　　要拓展广西民族传统体育竞赛表演市场，首先要提高赛事与表演水平。

　　就民族传统体育赛事来讲，要合理组织和开展民族传统体育竞赛、从根本上提高各类运动赛事的水平,吸引赛事观众的广泛关注。由于参赛队伍以及参赛运动员的竞技水平以及整体素质往往会对赛事质量产生直接性作用。因此,要不断提高运动员的素质水平,鼓励运动员坚持不懈地参与不同形式的训练活动。倘若运动员没有认识到日常训练活动的重要性,则一定会对赛事水平产生或多或少的负面影响,观赏价值不足的比赛往往不能对观众产生巨大的吸引力。

此外,要开拓市场,应加强民族体育赛事表演宣传。通过向其他成功体育竞赛与表演商业运营模式的学习和借鉴,结合广西地区民族传统体育实际,探索适合广西民族传统体育竞赛与表演的市场化发展道路。

### 3. 重视广西民族传统体育健身业的发展

随着我国社会经济快速发展,人民生活水平不断提高,人民群众越来越重视生活质量的提高,体育健身休闲的消费意识大大增强。

当前,我国体育健身市场拥有良好的群众基础(消费者群体),体育健身市场发展空间较大。

在广西地区,要促进广西民族体育在社会市场经济环境中的长久可持续发展,就必须要充分分析、了解当地少数民族人民的体育健身需求,通过当地各族人民喜闻乐见的民族体育运动形式与内容开拓民族体育健身市场,以满足广西地区的民族体育健身需求,促进民族体育健身业的市场化发展,进而促进广西地区经济的发展。

### 4. 重视广西民族传统体育旅游业的发展

广西地区具有秀美的山水风光,具有丰富的民族传统体育资源,因此具有发展体育旅游的良好优势。

2017 年 1 月 23 日,习近平总书记在张家口崇礼考察时指出"体育是重要的社会事业,也是前景十分广阔的朝阳产业"。2017

年10月1日,我国颁布实施新的《国民经济行业分类》,体育旅游业是体育产业的一个重要产业,是整个体育产业体系中非常重要的一个子业。

2019年4月,我国发布实施《体育产业统计分类(2019)》,对体育产业进行了更加科学的分类,体育旅游仍是体育产业中一个重要的产业分类。

体育旅游业在整个体育产业中与其他体育产业之间具有非常密切的联系,体育旅游业的发展需要许多体育旅游相关部门和产业的参与,体育旅游业的发展也能积极带动和推动相关产业发展)(图6-2)。

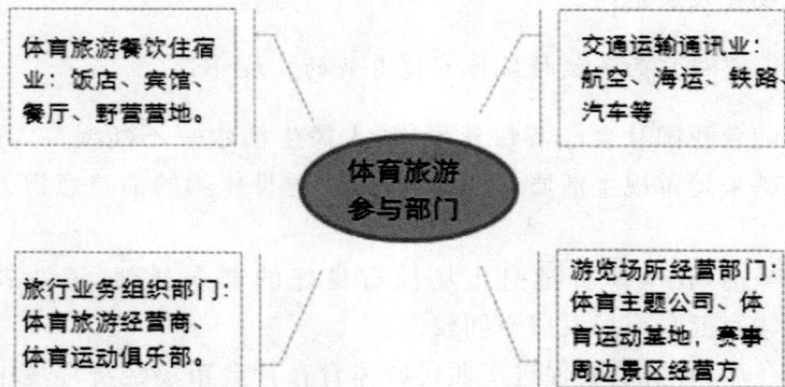

图 6-2

发展广西民族传统体育旅游业,通过各少数民族传统体育项目与传统节庆、民俗、自然旅游资源、人文旅游资源等活动的结合,能有效促进广西地区体育旅游的发展,也能为广西地区的体育产业带来发展机遇,进而可促进广西体育经济发展。

## 二、社会现代化发展背景下的广西民族体育发展

### (一)社会现代化发展

社会现代化(Social modernization)是指以经济发展为中心,

社会思想、制度、文化、科技等各个方面都从传统社会向现代社会
发展(图 6-3)。

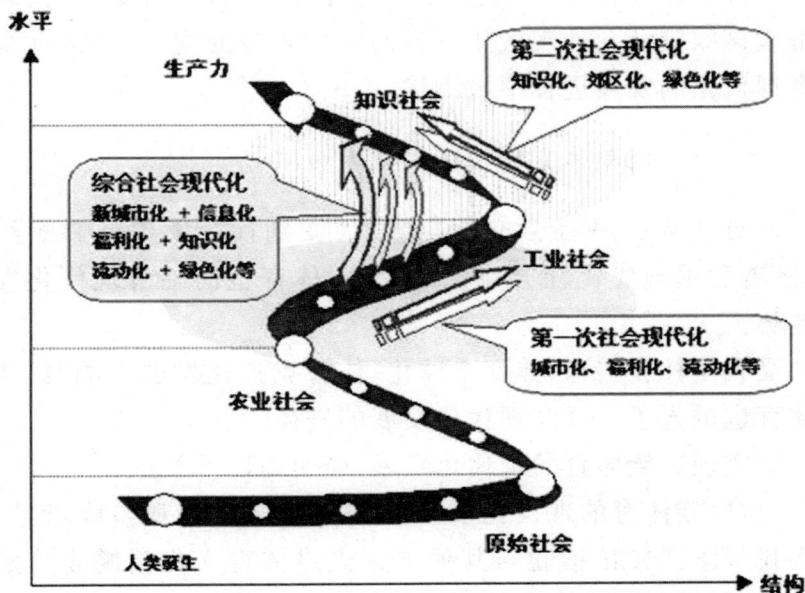

图 6-3

社会现代化具体包括以下内容。①

(1)社会结构的变革:社会结构的高度分化和高度整合。

(2)社会经济发展的现代化,主要是指工业化。

(3)城市化,城市的数量增加、规模扩大、人口增多。

(4)社会文化价值观的理性化。

(5)科学技术的现代化。科学技术的发展极大地改变了人们
的社会关系、互动形式、组织形式、社会生活、社会观念。但同时,
科学技术是一把双刃剑,先进科学技术的不恰当应用可给人类社
会造成侵害,如现代生物遗传技术对原有社会道德观念、社会伦
理提出的挑战。

(6)人的现代化。

---

① 吴忠观.人口科学辞典[M].成都:西南财经大学出版社,1997.

（7）全球化。

社会现代化是一个整体的、革命性的变迁过程，包括社会生活中的方方面面都会发生重大变化，社会中的一切要素、要素关系都应该顺应社会的现代化发展而发生相应的变革，否则就会在社会现代化的发展进程中被淘汰。

**（二）广西民族体育现代化发展方向**

体育作为一种社会文化，其发展受到社会发展的影响和制约，随着我国现代化社会建设的发展，体育也面临着现代化发展的趋势。

受我国社会转型、体育全球化、体育竞技化发展影响，民族传统体育也进入了一个向现代化发展的进程。

要实现民族体育的现代化发展，应明确以下几点。

（1）民族体育的现代化发展应当把科学发展观当成指导，自觉将我国体育文化精髓与其他国家先进体育文化精髓充分融合在一起。

（2）在民族体育的现代化发展过程中贯彻落实大力创新的思想，进而表现出多种状态并存的多元化发展格局。

（3）民族传统体育是在传统社会文化环境下产生和发展的体育文化形态，民族传统体育的现代化改革与发展应在稳步中前进。

（4）在民族传统体育的发展过程中，应当把继承自身优良文化设定为基础，在维持民族体育最初文化特色的前提下，坚定不移地实施自我批判和自我革新。

（5）注重民族体育发展创新，在朝着现代化发展的过程中，一定要对内容与形式加以创新。

（6）注重民族体育与社会现代化发展相结合，但注意切忌求大、求快、过于功利化。

（7）社会现代化发展中，市场是把双刃剑，要利用好市场发展民族体育。

## 三、体育全球化、竞技化发展背景下的广西民族体育发展

### (一)体育全球化、竞技化发展

体育作为一个世界通用的肢体语言,其在全世界范围内广泛流传与发展,随着"地球村"的逐渐形成,国际各项事务与活动交往日渐密切,体育无国界,体育的全球化发展已经成为一个不争的事实。

世界范围内,奥林匹克运动深入人心,奥林匹克文化是典型的西方竞技体育文化,奥林匹克的全世界普及与奥林匹克文化的竞争性和西方各国民族文化的张扬性具有密切的关系。民族竞争精神的存在无疑是西方体育运动充满竞争精神的最主要原因。

当前,在体育全球化发展背景下,西方竞技体育在世界体育中占据主导性的话语权,我国体育要想融入世界竞技体育发展大潮,就必须进行体育的竞技化改革,这对于我国民族传统体育来说是一个非常严峻的考验。

如何保留我国民族传统体育的传统文化特色、民族特色,同时又在体育活动内容与形式中突出竞技性,对需要全球推广与普及的项目(如武术、太极拳、散打、龙舟竞渡等)等进行合理地竞技化改革,使之与西方竞技体育文化相适应,能被更多的国外友人所接受,并发展成为知名体育项目(赛事)。

### (二)广西民族体育竞技化发展思考

和西方张扬、争胜的竞技体育文化相比,我国民族传统体育文化显得中庸、内敛。

我国包括广西地区在内的全国民族传统体育文化都不是以竞争为主要目标,而是以健身、健心、养性、保健等为目标。内敛的体育文化品格直接影响着我国民族传统体育的发展,民族传统体育的内敛、无争,与西方经济体育文化具有强烈的冲击力,形成

鲜明对比。

在体育全球化、竞技化发展背景下,如何实现广西地区民族传统体育的可持续发展,使其适应当前世界体育文化发展形势而不被淘汰,为此提出以下思考与建议。

(1)自觉吸收外来优秀体育的"营养成分",充分融合中西思想有助于更加有效的整理、发掘、弘扬我国民族传统体育文化,只有民族传统体育在发展过程中博采众长、适应社会的发展需求,才能让西方竞技体育对我国民族传统体育的文化内涵产生认同,才能在体育国际化发展进程中开辟出一条发展道路。

(2)兼顾对民族传统体育项目竞技化的同时,充分融合中国文化因素,对民族传统体育文化的内涵加以凝炼,突出民族传统体育的健身性、趣味性、观赏性。如果不存在趣味性,则将难以激励广大群众积极参与,满足人们在运动过程中的精神需求更是无从谈起,趣味性强、参与人才多,才能更加直接、更加有力量地推动民族传统体育竞技化发展。观赏性是指立足于另外一个侧面证明广大群众的心理需求;观赏性是体育是参与者把自身优良的精神产品与物质产品呈现给观众的动力,该动力会激励人们坚持不懈地接触并探究它,以更加自觉的态度投入到我国民族传统体育运动中来,提高我国民族传统体育对世界体育运动爱好者的吸引力。

(3)对民族传统体育运动项目进行经济化改革,应注重建立科学的民族传统体育竞技化评价指标体系。在民族传统体育竞技化发展研究中,构建评价体系是一项核心内容。应利用指标评价体系判定现阶段的状态,结合当前世界体育发展走向,科学制定民族传统体育的发展目标,对我国民族传统体育竞技化的发展进程和实现程度展开全方位地检测、衡量、评价,最终制订科学化的发展标准。

(4)培养一批竞技化体育人才,如教练员、运动员、相关工作人员,通过这些人更好地宣传我国民族传统体育,并为宣传对象提供科学的民族传统体育参与指导。

需要特别指出的是，全球化既不是西方化，也不是东方化。世界体育的发展应该是实现体育文化的多元化，各民族体育文化在全球范围内共存与互动。"民族的才是世界的"，对于我国大多数民族传统体育文化来说，应保留其文化属性，不要为了追赶全球体育竞技化潮流而强行改造，这显然违背了民族传统体育的发展规律。

# 第二节　广西民族传统体育的社会建设作用

## 一、促进社会多元发展

广西民族传统体育可以通过对体育经济、文化、观念等多方面的影响来推动本地区的和谐社会建设进程。关于体育对促进社会发展的关系具体在本书第二章已经详细阐析，这里不再赘述。

单就广西民族传统体育发展与当地经济发展之间的关系来讲，广西地区重视民族传统体育的发展，有利于促进当地社会经济（体育赛事与表演、体育旅游）的发展，能直接实现体育经济增收，这对于改善当地各民族的生活条件是有巨大促进作用的。

## 二、解决各种社会问题

### （一）增强人民体质

当前，我国正在致力于从"体育大国"向"体育强国"发展迈进，这一过程中，增强国民体质是关键和重点。

民族传统体育项目对人体健康和身体素质的发展具有较强的实用性和针对性，不同的运动项目其体现出的健身价值也有所差别,如白族登山和游泳可增强耐力、心肺功能;彝族、哈尼族的摔跤能有效发展力量与意志;傣族跳竹竿能提高力量和协调性;布朗族和佤族的爬竿能增进上肢力量;射箭、打陀螺能增加臂力、提高准确性。此外,各民族中流传的民族武术与民族舞蹈,刚柔相济、动静结合、自然流畅,能够促进全身健康发展,且久练而不乏味。

广西地区丰富多彩的民族传统体育能给当地各族男女老少提供较多的体育健身锻炼选择,能有效提高各族人民群众的身体素质。

## (二)节约体育投资

长期以来,我国人均体育经费非常少,一些民族众多的边疆省份,经济发展水平较为落后,体育投资严重不足,这一情况在短时期内不会改变。

广西地区属于我国西部地区,在全国范围内,是经济发展相对落后的地区。在这种状况下,民族传统体育就成为这些经济较为落后的民族地区最经济实用、最易推广的群众性体育活动。

民族传统体育在各民族的生产生活环境中逐渐产生、发展,具有简单易行、淳朴自然、贴近生活等特点。许多民族传统体育项目的技术难度小,对场地器材要求低,多使用比较常见的船、马匹、刀、枪、箭、弩等器具,还有一些常见的如竹、木、藤、石等自然资源,开展便利,在村前寨后即可开展。这对于本地因地制宜发展体育事业是非常有利的。

## (三)缓解老龄化问题

老龄化问题是一个重要的社会问题,如果处理不好会严重影响社会的健康可持续发展。

当前,我国已经进入老龄化社会,老年人医疗、健康、养老等问题严峻,同时这些问题还会引发更加深层的社会问题。处理好老龄化问题非常重要。

体育可以有效促进老年人身心健康发展,老年人结合自身实际条件,因人而异地开展各种体育健身、保健、养生活动,可强身健体、预防和缓解疾病困扰,并丰富晚年生活。

经调查显示,广西老年人群的特定地域性和民族特色,使他们形成了生活节奏相对较慢,生活空间局限固定,生活消费低廉实惠,简单朴素的行为习惯。这种生活方式决定了他们的体育生活方式,老年人多在公园、广场、单位小区的体育场所锻炼,他们健身的伙伴是自己的亲朋好友,少有加入协会、俱乐部之类;他们的健身需求是简单易行,投入资金少,能达到自娱自乐效果。[①]

民族传统体育项目符合广西广大老年人群的体育价值观、民族体育情感、方便易行、投入成本少,形式喜闻乐见,是广西地区老年人群非常受欢迎的体育选择。

# 第三节　广西民族传统体育对全民健身的促进

## 一、全民健身与广西特色全民健身活动

### (一)全民健身

全民健身是在整个国际社会关注社会大众健康和我国发展体育事业、关注民生健康发展的大背景下提出的国家发展战略。

全民健身具有全民性,全民健身强调"以人为本""人人参与健身",在体育健身事业发展中"人人受益"。全民健身以全国国民为服务对象,惠及我国十几亿人口。

全民健身是一个系统的工程,全民健身系列活动的开展旨在提高全民健身意识、提高全民体育素养,科学引导全体人民群

---

① 莫再美.广西城市老年人休闲体育行为研究[D].上海体育学院博士论文,2009.

众积极、主动地参与到体育健身中来,以进一步增强国民素质、培养良好的社会健康氛围、提升广大人民群众的生活质量与幸福感。

### (二)广西特色全民健身活动

#### 1.体育节

广西体育节是广西地区的重要体育活动,在促进广西地区体育发展方面发挥了重要的作用。

广西体育节全面贯彻《全民健身计划纲要》,坚持将体育健身、休闲娱乐落到实处,在项目设置上突出"设计新颖、形式创新、路线亲民、文化交流"的特点,实现了现代体育运动与传统体育运动、体育文化活动与群众体育活动的有机结合。[①]

#### 2.节日庆典中的体育活动

以广西壮族为例,壮族传统节日庆典有"三月三歌圩""花炮节""炮龙节""春节""端午节""重阳节""中秋节""南宁民歌节"等,节日期间体育活动丰富,如千人竹竿舞、千人武术、千人广场舞、《壮乡欢歌》文艺演出、壮族原乡文化休闲系列活动。这些节庆活动体现了文化、体育、旅游的深度结合,对于促进壮族人民群众的体育、文化、经济发展具有重要促进作用。[②]

## 二、广西民族传统体育促进全民健身的优势

### (一)丰富的体育健身资源

广西地区体育资源丰富,具有开展全民健身的良好体育资源

---

① 钱茹.从社会学的视角分析广西体育节的价值[D].广西师范学院,2013.
② 史伟.广西民族体育文化与旅游产业融合发展问题及对策分析[J].中国市场,2017(11):70.

基础。

据统计广西共有 476 项传统体育项目,其中壮族传统体育项目 134 项,竞技类 18 项、表演类 70 项、舞蹈类 12 项、游戏类 34 项,占全区总量的 49.3%。内容丰富、种类多样的民族传统体育为广西地区因地制宜、因时制宜全面开展全民健身运动奠定了良好的基础。①

广西民族传统体育极大地丰富全民健身内容体系,通过广泛推广与普及广西地区的丰富、优秀的民族传统体育项目,有助于丰富全民健身活动内容、模式、形式,可以满足不同民族、不同社会群体的健身需要,广大人民群众能通过找到适合自身的体育活动,并通过学习这些体育项目,自身参与和吸引身边人参与民族传统体育,有助于真正实现全民健身。②

### (二)广泛的全民健身参与吸引力

全民健身,强调全体人民群众,无论男女老少都积极投身于体育健身锻炼,促进身心健康发展。

少数民族传统体育以竞技类和表演类项目为主,舞蹈类和游戏类为辅,极具娱乐性、观赏性、健身性。尤其是对于一些少数民族民众来说,在重大的节日中会举办丰富多彩的节庆体育活动,这些活动宣传力度大、辐射广、影响深,参与群众较多,能够吸引本地男女老少积极参与其中,同时,还能吸引邻村邻县的人前来观赏、参与。③

---

① 史伟.广西民族体育文化与旅游产业融合发展问题及对策分析 [J]. 中国市场,2017(11):69.

② 杨洪.民族传统体育融入全民健身活动策略研究[J].体育世界(学术版),2018(9):95.

③ 朱敬敬."健康中国"视域下广西民族传统体育与全民健身的契合[J].新西部,2018(3):29-30.

# 第四节　广西民族传统体育对社会安定的促进

## 一、构建和谐社会关系

参与民族传统体育运动是一种非常健康的娱乐休闲行为,对于体育运动爱好者来说,参加体育运动是非常快乐而且放松的事情。在全民健身日益深入人心的今天,越来越多的人投入到健身运动中来。

较其他形态文化来说,民族传统体育的优点主要表现为:易于流传和传播,被众多的不同民族所认同和接受。现代社会,大量人口流入城市,邻里相约去公园广场参与体育运动,举行民族传统体育活动会吸引各民族人民的关注和支持,同族同地域同胞在千里之外聚集一起,形成民族传统体育小团体,有助于增进彼此之间的联系;地方乡镇,留守的人积极参与民族传统体育,有助于增强邻里关系、构建和谐社区。

## 二、促进民族团结、和谐

同一个民族的人,会有民族情感上的亲近感;同一个地区居住的人,具有天然的地域联系。

广西地区民族众多,各民族在高山与河谷中大分散、小聚居,不同民族交错杂居、和谐共处。通过民族体育运动可增强各民族之间的交流,有助于融合民族关系,促进各民族共同发展。①

在广西地区大力推广和普及各民族传统体育活动,促进更多的少数民族群众积极、主动参与本民族的民族传统体育,不仅有

---

① 杨绍昌,曾华,胡俊.云南民族传统体育在构建和谐边疆中的作用研究[J].青少年体育,2014(9):9.

助于促进各族人民的身心健康发展,还有助于各民族建立亲密的民族关系。

不仅是同一民族成员之间,不同民族之间通过各种形式的民族体育文化交流,可以促进彼此民族文化、体育文化的发展,可以促进民族团结。

总之,少数民族体育文化作为一个民族的精神内涵的表现,是不同民族之间互相认识、渗透的重要渠道,发展体育文化能够促进各民族之间的团结,对发展社会主义和谐社会极具现实意义。①

### 三、维护社会稳定、边疆稳定

体育活动,尤其是民族传统体育在维护社会稳定方面发挥着重要作用。

安定和谐是一个国家和地区社会发展的重要基础。为全面促进我国社会发展,提高广大人民群众的居住环境和提升广大人民群众的幸福感,近年来,我国非常重视社会安定和谐建设,并将少数民族地区的稳定和安全作为一项重要内容来抓。

广西地区作为一个典型的多民族聚集地,发展少数民族传统体育项目,充分利用节假日和农闲时间组织举办具有当地民族特色、丰富多彩的民族体育健身活动,定期举办少数民族传统体育项目运动会等,能极大地丰富人民业余文化生活,满足人民的精神文化发展需求。同时,能有效减少人民群众受非法宗教、赌博以及国外分裂势力的不良影响。有助于增强少数民族群众的归属感、向心力和凝聚力,有助于民族团结、边疆稳定。②

---

① 赵云书.乌江流域少数民族体育文化发展与和谐社会之间的关系探究[J].贵州民族研究,2014(12):225.

② 孙海兰.发展我国少数民族地区体育事业的问题研究[J].运动,2011(27):148.

# 第五节 广西民族传统体育对建设 文化自信的促进

## 一、文化自信与广西民族传统体育文化特色

### （一）文化强国的时代任务

文化自信，是在文化全球化背景下，面对世界多元文化，对本民族文化有足够的自信。

我国是一个具有悠久历史的国家，具有深厚的民族文化。近年来，随着我国国家整体实力的不断提升，人民群众的生活水平不断提高，各族人民面对社会生活、社会建设越来越具有自信心。

新时期，建立文化自信，提高中华民族凝聚力，实现中华民族伟大复兴的"中国梦"是我国社会进入新的发展阶段的一个重要历史任务。

2011 年，中共十七届六中全会审议通过《中共中央关于深化文化体制改革推动社会主义文化大发展大繁荣若干重大问题的决定》，指出："增强国家文化软实力，弘扬中华文化，努力建设社会主义文化强国"。

2014 年的中央政治局第十三次集体学习中，习近平主席提出要"增强文化自信和价值观自信"。

2015 年 5 月 4 日，习近平主席与北大学子座谈，多次提到要树立文化自信。

2016 年，在庆祝中国共产党成立 95 周年大会的讲话上，习近平主席深度阐释文化自信，指出"文化自信，是更基础、更广泛、更深厚的自信"。

当前,强调建立文化自信具有重要的历史意义。文化及其认同是维系民族团结统一、国家稳定发展的纽带。我们强调要建立文化自信,加强中华民族大团结,维护国家的统一和完整,最根本的是提升民众的文化认同感,培育中华民族共同体意识,建设各民族共有的精神家园。[①]

### (二)广西民族传统体育文化特色

广西壮族自治区在独特的自然地理和多民族聚居生活中形成了独具区域特色的桂系文化,广西民族传统体育在民族文化中成长与发展,形成了一批具有特色的民族传统体育项目,这些民族传统文化根生于中华民族所生存的文化空间,一些民族传统体育项目还被列为非物质文化遗产。

目前,广西地区国家级体育非物质文化遗产共 8 项,区级体育非物质文化遗产 52 项。这些丰富的体育文化是广西地区各民族优秀文化的代表,是当地民族生产生活、民族精神与品格的智慧结晶,是我国民族文化的宝贵财富。

## 二、发展广西民族传统体育与新时期建设文化自信的契合

### (一)促进世界文化多元化

文化是人类的智慧结晶,民族文化,往往是民族的智慧和血汗的浓缩。文化的全球化,世界文化呈现出多元化共同发展的态势,各国家和地区重视本国多民族文化的发展,有利于不同的优秀文化进行相互交流与融合,对于丰富人类文化具有重要的促进作用。

文化全球化发展背景下,广西地区的民族传统体育文化是我国民族传统文化的重要组成部分,也是世界民族文化的重要组成

---

① 北京市习近平新时代中国特色社会主义思想研究中心.坚定文化自信 提高国家文化软实力[OL].人民日报网,2019-7-4.

部分。新时期,大力推广和促进广西地区民族传统体育文化的发展,有利于促进世界民族体育文化的多样性表现与发展,对世界文化体系是一种丰富。

### (二)促进民族传统体育文化传承

要实现文化自信,首先要对民族文化有深刻的了解,并注重对民族文化的保护,如果文化失去生存形态、失去生命活力,则建立文化自信就将成为空谈。

民族传统体育具有其产生与发展的独特的社会历史背景与环境,在新的时代背景和社会环境下,民族传统体育如何实现文化的现代化转换,是民族传统体育保护和发展的关键问题。[①]

广西地区多民族聚居,具有我国丰富的民族传统体育文化形态,这些民族传统体育文化如何在新的社会发展环境中得以保存,并展现出顽强的生命发展活力,值得深思。广西民族传统体育的推广、普及,对于保留广西民族传统文化,促进广西民族传统体育文化的保护与传承具有重要意义。

### (三)实现中华民族伟大复兴

广西地区民族众多,民族传统体育项目丰富多彩,各民族传统体育文化表现出多样化、特色化的文化内涵和底蕴。正确认识广西各民族传统体育的历史地位、重要作用,把握民族传统体育的项目特征和属性,有利于进一步推动广西地区民族传统体育文化发展。

新时期,持续不断提高我国国家文化软实力,实现中华民族伟大复兴的"中国梦",决不能抛弃传统文化,民族传统文化是我国民族传统文化传承与发扬的重要内容之一。

新时期,进一步宣传和推广作为我国优秀文化代表之一的广西地区丰富多彩的民族传统体育文化,有助于提高广西民族

---

① 李延超.民族体育文化生态困境与发展[M].北京:人民出版社,2017.

文化在本地、全国、全世界的影响力,有助于中华民族的自我觉醒。

综上所述,保护与传承、传播与弘扬广西民族传统体育文化是建立民族文化自信、实现中华民族伟大复兴的一项重要工作。

# 第七章　广西民族传统体育的科学性
　　　 与多元化传承研究

　　广西民族传统体育是我国优秀民族体育文化,广西民族传统体育文化的科学传承对于我国民族传统文化的整体保护与传承具有重要启发意义,同时也有助于促进中华民族的文化复兴与民族复兴。本章结合当前文化传承方式与方向就广西民族传统体育的科学化、多元化传承进行分析研究,以切实推动广西民族传统体育的科学有效传承。

## 第一节　广西民族传统体育的教育传承

### 一、体育教育传承方式

#### (一)家庭教育传承

##### 1.血缘传承

　　狭义的家庭教育传承,主要是具有血缘关系的家庭教育传承,指父辈对子辈的传承。在我国古代,具有血缘关系的上一辈对下一辈之间的体育传承是民族传统体育教育传播的主要表现形式。

　　血缘文化传承以家族为传承主体,通过上一代与下一代之间的口传心授来实现文化内容和形式的延续发展。这种传承形式的存在与我国古代社会的家庭观念有密切的联系。

我国古人具有非常浓厚的家庭观念,非常重视血缘关系,注重家庭和家族的凝聚力,张岱年先生曾说:"中国文化以家族为本位,注意个人的职责与义务,西方文化以个人为本位,注重个人的自由和权利。"①在中国人传统家庭观念中,家庭伦理关系(父慈子孝、兄友弟悌、夫唱妇随等),每个人都必须遵守,如果违背就会受到本家族、整个社会的谴责。

血缘传承实现了技艺和文化的传播和发展。家庭传承的民族传统体育具有封闭性的特点,但是这种家庭传承具有很强的文化排他性,这种排他性虽然阻碍了与其他传统体育文化的相互交流,但是对本门派、村寨的传统体育技术和理论的发展有积极作用,保持了传统体育文化的正宗和传统。这是跟师徒传承有所区别的地方。

### 2.师徒传承

师徒关系是我国古代人际关系中一种非常重要的关系。师徒关系是我国古代仅次于父子关系的重要关系。

师徒关系中,师傅与徒弟他们之间虽然没有血缘关系,但是他们以父子的形式存在,并按照父与子之间的关系明确彼此的行为规范,对这种关系的描述如"师徒如父子""一日为师,终身为父"等。这就使得这种师承关系能够非常稳固的存在,并确保师徒之间的文化传承如同家庭传承一样得到全面的传承。

从本质来看,师徒关系是建立在家庭血缘关系基础之上的一种关系。民族传统体育的师徒传承也是建立在家庭传承基础上的一种重要文化传承方式。

师徒之间的民族传统体育理论、技法、功法等的教授与学习是我国民族传统体育文化传播传承的重要方式,在我国民族传统体育的传承中占据非常重要的位置。具体方式是徒弟磕头拜师,

---

① 张岱年,程宜山.中国文化与文化论争[M].北京:中国人民大学出版社,1990.

成为师傅的正式入门弟子之后,师傅对徒弟进行知识、技能、品德教育。

### (二)学校教育传承

学校是重要的教育场所,学校这一教育机构的出现,使得人类文化的传承更加有组织、有计划、系统化。

与父子血缘传承、师徒传承相比,文化的学校教育传承是一种规范化的文化传承,能实现对多个传承人的文化传承的同时进行,是社会文化传承的主要形式。

### (三)民族体育文化的教育传承

民族传统体育进入教育领域,其文化定位应符合民族传统体育自身的特质。民族传统体育教育的过程,不能仅停留在健身、娱乐、休闲层面。

民族传统体育教育的价值定位为文化传播、传承,民族传统体育教育是文化、艺术、体育的多元教育。这种教育,首先是民族文化的熏陶和教育,然后才是民族文化的学习和积累。

民族体育文化的教育传承是具有积极意义的。

(1)通过教育来传播、传承民族传统体育文化,是现代社会广泛推广与宣传民族传统体育文化的一个重要和有效途径。

(2)将民族传统体育引入学校教育的实践,对于弘扬民族文化,推动民族传统体育文化的继承与发展,促进民族传统体育在新的社会背景下向现代转型,与现代体育接轨具有重大意义。

(3)有助于培养青年学生对我国传统文化的亲近感,培养民族意识与自豪感,促进青年学生积极主动学习与参与民族传统体育,并从青年学生群体中发现和培养民族传统体育文化传承人。

(4)通过民族传统体育教学,既可以丰富学校体育活动,活跃校园民族传统体育文化氛围,又可以对学生进行民族教育,振奋民族精神,促进民族文化繁荣。

## 二、广西民族传统体育教育传承策略

### (一)提高学生认知

目前,我国各级各类学校普遍对民族传统体育宣传不够,很多在校生都没有树立起民族传统体育学练意识,认为学习民族传统体育与现实生活没多大关系,基本上没什么用处。因此,学生对民族传统体育教学兴趣不大。

现阶段,应不断在学校加强民族传统体育宣传,首先校领导要重视体育教学、重视民族传统体育教学,通过有效的校园宣传、教学制度来鼓励、引导学生学习民族传统体育。

### (二)完善课程设置

目前,我国已经被纳入学校教育系统的民族传统体育主要是武术、太极拳、养生气功等运动项目,民族传统体育项目不多。在我国少数民族人口较多的地区,会因地制宜开展一两项民族传统体育项目,但是存在领导不重视、选课机会少、课时少等诸多问题。

与西方竞技体育相比,民族传统体育在课程教学方面有其自身的局限性。具体来说,民族传统体育的原生态性是其体育文化的一个重要特征,和宝贵的文化财富的表现,但是,在教学实际中却面临着一个非常尴尬的问题,即学生更多地会选择竞技性和时尚性更强的运动项目,曾有运动基础,或有标准化技术动作便于评判,能更好地获得学分,因此很多学生对民族传统体育兴趣不大,这也导致了学校不愿开设民族传统体育相关课程。

一直以来,民族传统体育在高校都是以选修课的形式存在的,这也充分说明了民族传统体育在高校中的发展速度缓慢,学生选择这门课程的兴趣不大,如果直接将一些民族传统体育设置成必修课程,勉强参与教学的学生也不会在学习过程中付出过多。这些实际情况导致了民族传统体育在高校教学中处于一个十分尴尬的境地,许多学校都无法实现科学设置民族传体育课程,有效调节学生的民族传统体育学习需求与民族传统体育课程合理设置之间的矛盾,现状就是,民族传统体育在学校体育教育中几乎是处于"自生自灭"状态。

针对上述情况,要在学校推广民族传统体育还需要在课程设置上进行更多深入的思考,尝试在有机结合必修课、选修课、课外活动,进行民族传统体育课程设置与教学。

就广西地区的学校民族传统体育开展来说,广西民族传统体育教学项目丰富,但当前高校民族传统体育课程内容较少,鉴于这种情况,可以进一步将地方特色民族传统体育项目融入体育课堂,以丰富和完善现有体育课程教学内容。

此外,应逐步将民族传统体育纳入整个学校教育体系,在幼儿园、小学、中学、大中专院校以及研究生教育阶段全面开展民族传统体育教育,让民族传统体育切实走进校园,成为学生教学课程。

## (三)重视教材编写

将民族传统体育内容引入教育系统,开展体育教学,需要有教材作为教学依据,目前,我国的民族传统体育专业教材较少,而且质量不高,很多民族传统体育引入学校之后没有可供参考的教材,教学全凭教师经验,对教学质量会产生较大不良影响。

重视教材编写,使民族传统体育教学有教材可依,是准确、系统进行民族传统体育文化传承的重要基础,具体应做好以下工作。

首先,加强民族传统体育教材的建设,创编优秀民族传统体育系列教材,提高民族传统体育教学教材编写的科学化和系统化程度。

其次,广泛吸收具有浓郁地方特色的民族传统体育及民族体育,将民族特点充分体现出来。

广西地区的民族传统体育教材编写可以多参考民族传统体育教材编撰专家的意见，并深入到广西各地、各民族中去进行采风，以做到教材内容更加贴近民族传统体育文化实际、更加真实、形象。

### （四）加强师资建设

当前，青少年的教育需要高素质的师资队伍，教学中，教师在其中扮演了非常重要的角色。因此，加强民族传统体育在学校的开展，提高各级各类学校武术师资的教学水平具有十分重要的现实意义。

教师综合素质的高低将直接影响到民族传统体育教学质量的高低。要提高民族传统体育相关师资力量，优化民族传统体育教学、促进民族传统体育文化传承，应重点做好以下工作。

第一，在保证现有的民族传统体育教学的基础上，进一步扩大民族传统体育专业的课程比例、专业设置，培养一批优秀的民族传统体育后备教师人才。

第二，重视选聘、引入高水平教师、加强教师培训，重视通过教师考核加强当前体育教学师资的建设。

### （五）建设校园民族体育文化

广西地方民族众多，各民族传统体育具有鲜明地方特色、民族特色，引入学校体育教学体系，能在充分继承民族传统体育优秀文化特点和多元教育功能的基础上，更表现出浓郁的地方民族文化特色，这些"新鲜的"体育教学内容，对学生是具有极大吸引力的。

广西地方特色的民族传统文化，对于大学生了解我国多民族文化、风俗、生活现状等具有重要意义，来自不同地区的大学生通过学习其他地方的民族传统体育文化，在寓教于乐的同时，还能增加同学感情、民族感情，有助于创造良好校园民族体育文化环境，对于民族传统体育教学进一步开展具有积极意义。

学校应重视丰富学生的校园体育文化生活,通过结合多民族的民族传统体育项目、民族节日来组织和开展各种形式的民族传统体育文化活动,丰富学生校园生活,让学生有更多的机会感受民族传统体育文化熏陶、参与民族传统体育文化学习。

### (六)重视民族体育精神教育

学校是培养人才的摇篮,是发掘民族传统体育发展的后备军的重要场所,未来的民族传统体育文化传承者也应通过教育的形式来培养。

民族传统体育是各民族在长期的生产生活中总结出来的智慧结晶,蕴含了深厚的民族文化,丰富的民族传统体育内容与形式彰显了民族情感、民族品格、民族性格。无论哪一种民族传统体育,其中都蕴含着先人为人处世的道德、规范,这是民族传统体育的文化核心,是民族传体育文化传承的重要内容。

传承民族传统体育文化,应重视民族传统体育精神文化的教育传承,以弘扬优秀的民族文化,培养出具有不息、不淫、不移、不屈的民族性格的优秀武术人才。

# 第二节　广西民族传统体育的产业化传承

## 一、体育产业化发展

### (一)体育产业构成

体育产业是一个综合性的产业,它覆盖面广、内容丰富,具体包括四个方面的内容。

体育本体产业——根据体育自身特性而进行生产、服务的部门,如体育培训业、竞赛表演业等。

体育相关产业——以体育为资源和手段进行生产、服务的部门，如体育用品制造业、体育广播等。

体育延伸产业——在体育产业周围形成的综合性的行业网络，各行业间没有性质上的联系，只有形式上的联系，如体育彩票、保险、旅游等。

体育边缘产业——依托体育产业发展的产业，如饮食、住宿、交通等。

### （二）体育产业与文化传承

当前社会，所有文化的发展都需要依托一定的市场活动来进行发展，单纯只依靠政府投资支持，自身没有"造血"能力的文化发展是没有活力的。传统民族体育要在现代社会持续发展，就必须积极适应现代化市场发展变革，寻求适合自己的市场发展之道。

市场环境中，正确处理传统民族体育文化与现代市场经济发展之间的关系，发扬传统民族体育文化的优势，树立均衡、和谐发展的文化生存理念，是解决民族传统文化面临的生存困境和危机。

当今市场经济社会背景下，要实现传统民族体育的自我可持续发展，就必须把民族传统体育作为一个产业来开发，不断提高民族传统体育自身的市场竞争能力，让民族传统体育主动参与市场竞争，使其在激烈的市场竞争中谋生存、求发展。

探索和推动民族传统体育的产业化发展是传统民族体育文化现代传承的一个重要发展方向、发展途径。

## 二、广西民族传统体育产业化传承策略

### （一）激活民族体育健身市场

全民健身背景下，民族传统体育内容丰富、项目多样，具有健

身、养生、健心、益智、教育等多元运动价值，简单易操作、可选余地更大，没有对场地器材设施提出过高的要求，男女老少均可参与。和西方竞技体育运动相比，健身性、娱乐性更强，在全民健身活动中具有重要的发展优势。因此，可以从全民健身大背景入手，鼓励民族传统体育健身业发展，激活民族体育健身市场。

广西民族传统体育项目是非常多的，而且各种民族传统体育项目具有广泛的适应性，如男性可参与摔跤、赛马、举石锁、射箭等身体素质增长、强化，崇尚技艺和技能并且反映勇武精神的活动；女性可参与跳竹竿、民族舞蹈等反映平衡性、灵活性、韵律性的运动，以塑造良好形体和气质。

此外，在广西地区的各民族的节庆日中，可以将各民族的民族传统体育中的许多体育项目与节日、节庆活动联系紧密，通过组织和开展这些人民喜闻乐见的民族传统体育文化活动，进一步推广和普及具有良好群众基础的各民族传统体育的发展，并吸引不少长期居住在城市的人能走进村寨、走向自然，从事民族传统体育健身，这就为提供民族传统体育健身服务的企业和机构提供了市场空间，可促进民族体育健身市场的发展。

## （二）开发民族传统体育赛事

赛事的成功举办对竞技体育运动项目的发展具有重要的促进作用，当前世界范围流行广泛、关注度高的体育运动项目大都有规模宏大、影响广的重大赛事。

近年来，我国为推广武术，也开始重视武术赛事的举办，并注重打造武术赛事品牌。以此推广武术、扩大武术影响，促进武术的市场化运行与发展。就武术传播来看，武术竞技化发展与世界体育发展趋势相符，武术竞赛的组织可以促进武术文化在世界范围内的广泛传播。这对于加强武术国际间的交流与发展，对促进我国民族传统体育的发展，都具有深远的影响和意义。

在我国民族传统体育文化的赛事传播过程中，武术赛事传播，为其他民族传统体育项目的赛事传播提供了成功的经验。

但由于民族传统体育中的许多项目不都像武术套路、武术散打那样具有固定动作、竞技技术可评判,这就需要对在民族传统体育进行筛选,选出可进行竞技评判的民族传统体育项目,并将其进行竞技化合理改革,建立相关赛事。

广西地区各民族的民族传统体育项目众多,其中可被竞技化改造和已经走上竞技化发展道路的民族传统体育项目主要有打陀螺、龙舟竞渡、舞狮等,以及一些少数民族的武术,结合广西具体的民族传统体育项目特点,要进行竞技化改革、开发具体项目赛事,应做好以下工作。

(1)组织专门的文化传媒有计划地进行包装宣传,如组建"明星竞技队"、专家讲学团,进行全球性的表演、巡回赛、演讲,借助于现代媒体,广为宣传和推销。

(2)参考武术竞技发展模式,实施竞技协会企业制的管理模式,完善赛制。

(3)加强与政府合作办赛事,形成国家与社会共同举办的市场化格局。

(4)加强培养一大批竞技人才,并促进人才合理流动。

(5)建立和拓展资金渠道。积蓄发展基金,把有效的经费投入到举办有效的竞技活动和各种文化宣传活动上。

(6)开发赛事周边产品,如具有民族风情的纪念册、徽章、服饰、玩偶等。

### (三)培养民族体育产业人才

人才是社会发展的重要推动力因素,人才的培养和人才体系的构建是体育产业化发展的重要内容和手段,是影响体育产业的重要因素,民族传统体育人才的发展,也离不开相关体育产业人才的培养。

在我国广西地区,由于经济发展落后,体育产业人才相对较少,民族传统体育产业的人才就更加少。随着民族传统体育产业发展受到关注,一些其他从事产业和行业的人转身投入到民族传统体育产业发展中来,目前,在民族传统体育市场上,从事民族传统体育服务、管理、技术指导人员多是来自于其他行业和专业,这些人中的绝大多数民族传统体育专业技能知识和经验储备不足,服务质量不高、技能活动中存在安全隐患。

新时期,要促进民族传统体育产业发展,应重视民族传统体育的各类人才培养,具体如下。

(1)民族传统体育经营管理人才。

(2)民族传统体育文化宣传推广人才。

(3)民族传统体育市场开发人才。

(4)民族传统体育技术指导人才。

(5)民族传统体育服务人才。

(6)民族传统体育赛事相关人才。

(7)民族传统体育旅游相关人才。

### (四)打造民族体育文化品牌

文化是民族传统体育产业化发展的一个重要名片。打造民族体育文化品牌是民族传统体育发展的一个重要切入点。

在市场经济活动中,品牌是产品的无形资产,好的品牌对消费者具有很强的吸引力,品牌是市场主体追求竞技效益应该充分考虑的一个重要因素。当前,我国体育整体发展水平相对较高,但是,体育文化品牌建设方面经验不足,缺乏竞争优势,尤其缺少民族传统体育文化品牌的建设。

广西地区结合本地民族风情,在民族传统体育文化品牌建设方面,应做好以下工作。

(1)提高政府、地区以及企业管理在民族传统体育文化品牌建设方面的意识。

(2)企业应树立相应的强势品牌,打造自身的品牌文化和品牌理念,在市场竞争中树立起品牌优势,打造优秀的体育文化品牌。

(3)企业应重视对外(广西地区以外其他省市、周边国家)交流合作,积极借鉴成功的企业和产业发展经验,加强民族传统体育文化品牌创新。

(4)民族传统体育文化品牌创建,应突出广西地区特色、民族特色,体现"人无我有,人有我优"。

### (五)发展地方民族体育旅游

体育旅游业,是一种交叉性行业,同时具有体育、旅游的产业性质。我国体育旅游业相较于国外旅游发达国家,起步较晚,但发展迅速。随着我国社会经济快速发展,百姓不断追求高质量生活,我国体育旅游市场持续不断扩大。

广西地区具有丰富的民族传统体育旅游资源,在开发民族传统体育旅游方面具有市场发展基础,应该引起本地政府和体育相关部门的重视。需要特别提出的是,发展广西地区民族传统体育文化旅游,应合理开发各种体育旅游资源,重视自然资源、体育资源的保护,在合理保护的基础上适度开发。

广西地区与东南亚国家临近,有境外旅游发展优势,可大力发展境外体育旅游。当前,在我国具有丰富的体育旅游资源,我国在开拓国际体育旅游市场推出一系列发展政策的基础上,每年境外体育旅游人次逐年增长。现阶段,可以借助国家体育旅游相关政策,依托广西地区丰富自然景观、民族体育文化景观,吸引国外游客。

# 第三节 广西民族传统体育的数字化传承

## 一、文化数字化

### (一)数字化技术

数字化(Digitalization)是当前信息时代的一个重要技术,通过计算机语言（0 和 1）编辑各类连续变化信息，信息在计算机中成为一串分离的单元，如果需要再通过计算机语言输出。

计算机数字化操作过程具体是将复杂多变信息转变为可以度量的数字，建立数字模型，转换成一系列计算机二进制代码，统一处理信息。

数字化技术是现代先进科学技术。随着现代计算机技术的快速发展，数字化技术在各行各业均广泛应用，使各种信息的记录、复刻、表现更加方便和快捷。

### （二）文化的数字化保护

对各类文化进行数字化记录是保存与传承文化的有效途径，是信息时代的文化传承的重要方式。

当下信息社会，越来越多的国家和地区开始重视文化的数字化记录，联合国教科文组织也很早尝试在信息的生产、传播、使用和保存越来越多地采用数字化的形式，并将数字化技术应用引入文化保护，促进了文化遗产的数字化，形成将"数字遗产"。在联合国教科文组织的文化遗产分类中，数字遗产是一个重要类别（图 7-1）。

2003 年 10 月，联合国教科文组织颁布《数字遗产保护草案》，呼吁全世界关注人类文化遗产保护，强调数字文化遗产的重要性。

2012 年 5 月，《文化部"十二五"时期文化改革发展规划》提出，大力实施非物质文化遗产数字化保护和传播，建设数据库和网站。

新时期，文化的传承也要在技术、方法上与时俱进，文化的数字化记录与文化"数字遗产"的提出为我国民族传统体育文化传承指出了新的传承方式与方向。

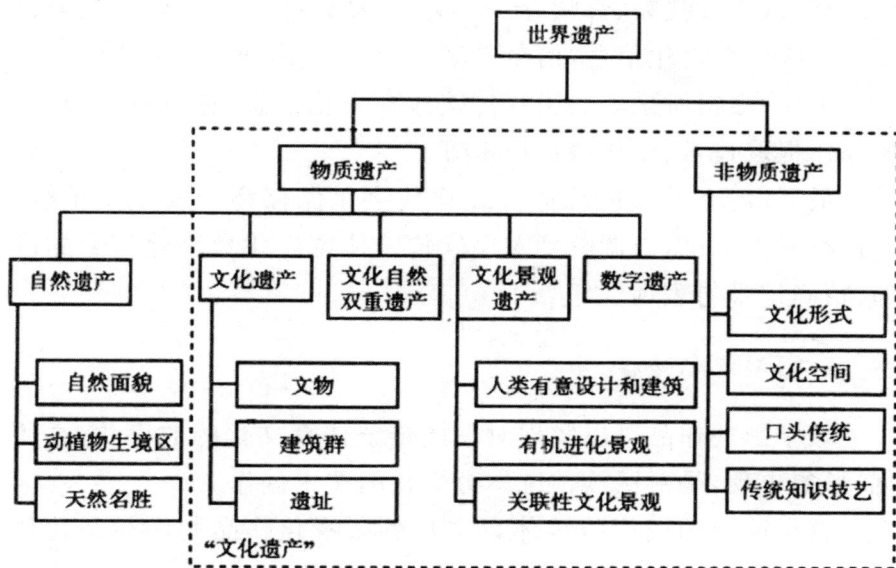

图 7-1

## 二、广西民族传统体育数字化传承策略

### (一)文化数字记录

根据文物对象的特征,文物数字化分为二维文物数字化、三维文物数字化。前者所建立与模拟的数字文化主要是平面图案、色彩、文本等,可通过数字摄影、扫描实现;后者主要是通过基于测量的方法、基于计算机视觉的方法和基于三维扫描仪的方法来记录文化(信息)。

当前,针对广西民族传统体育文化,应在文化保护与传承观念上做到与时代发展相结合,与时俱进,在信息时代,要善于利用新技术保护与传承民族传统体育文化,重视文化数字化记录,并准确记录,应注重以下几点。

首先,根据广西民族传统体育文化的具体保护与传承要求,结合现有设备和技术手段,策划经济、高效的民族传统体育数字化信息获取方案,明确关键技术处理。

其次,通过视频、音频、照片、文字、动作捕捉等多种方式采集民族传统体育文化信息,信息采集应全面、多角度、系统化。

再次,根据所采集的民族传统体育文化信息,进行技术开发,如动作提取技术、动作展示技术等。

最后,建立民族传统体育文化数字化保存和开发原型系统,并进行操作测试,以调整到对民族传统体育文化数字化信息的准确、精确记录与表现。

### (二)影视化传播

数字影视作品可以实现对民族传统体育文化的数字化、立体化、形象再现,是对民族传统体育文化的艺术创作。

这里所说的民族传统体育文化的影视化作品制作与文化传播,是主要以纪录片的形式再现民族传统体育文化,不强调甚至杜绝进行艺术加工,最大限度地做到对民族传统体育文化的真实性记录,保留和再现民族传统体育文化的原生态性。

2015 年 11 月 14 日,中央电视台中文国际频道播出的大型人文纪录片《传承》,引起较广泛的社会反响,民族文化社会关注度进一步提升。

随着社会文化的发展,人们观看影视作品已经成为一种非常普遍的休闲形式,这种生活形式最容易被大众接受,因此,可以有效利用大众社会文化心理和文化接受方式来推广与宣传民族传统体育文化的影视化作品,以普及民族传统体育文化、传承民族传统体育文化。

### (三)电子物传播

和以往相比,现代人的阅读习惯发生了很大的变化,电子读物吸引了一大批读者。

相对于纸质出版物,电子出版工作就是一个处理信息的数字化过程,电子出版物是对已处理、创作完成的信息内容进行出版编排和产品封装,除入库提供给各类服务平台展示的物化产品,可面向文化市场,定期或不定期出版发行数字影像、读物、光盘等。这些产品和随身携带、观看、收听,为文化信息的传播提供了方便。

**(四)新媒体传播**

当前信息时代,大众传媒所产生的社会影响是跨阶层、跨群体的,极为广泛。所以,面临多种传播途径,传播者应尽可能选择便捷、效果好的大众传媒来组织传播活动,迎合现代人的信息传播和接受习惯,实施最便捷、最有效的传播行为。

在民族传统体育的传播过程中,需要选用各种各样的传播媒介传播民族传统体育文化,信息时代,应加强民族传统体育门户网站的建立,通过互联网传播我国民族传统体育文化。

在利用新媒体、网络技术传播民族文化方面,我国非物质文化遗产保护中心做出了良好的榜样,2018年6月,中国非物质文化遗产保护中心启动实施了"中国非物质文化遗产网·中国非物质文化遗产数字博物馆"(http://www.ihchina.cn/),2019年3月,新版网站发布上线,网站传播效能进一步得到提高。

当前,我国广西地区的民族体育文化网站主要是广西非物质文化遗产保护网(http://www.gxfybhw.cn/),其在宣传广西民族传统体育文化信息、传播广西民族传统体育文化方面发挥了重要作用。

# 第四节 广西民族传统体育的国际化传承

## 一、体育国际化发展

### (一)体育全球化

体育全球化具体表现在以下两个方面。

首先,体育全球化是一种单一化的过程,伴随这种单一化过程的是"民族化"和"多样化",表现为世界上各种优异的多元体育文化共同发展。

其次,体育全球化是一个不断整合的过程,表现在世界各个国家、地区、民族的不同的体育文化逐渐积极地交流、融合、趋同,发展成为一个人类体育文化体系。

### (二)我国民族传统体育对体育全球化的适应

体育全球化是体育文化的一个发展趋势,不可逆转。为了在世界范围内推广我国民族传统体育,我国在这方面做了很大的努力,经过近年来的发展,民族传统体育在我国的受重视程度已得到了极大的改善。

武术的国际化发展,是我国民族传统体育适应体育全球化的一个典型、成功案例。

1979 年开始,我国就派出武术团体到国外访问。

1985 年,国际武术联合会筹备委员会在西安成立。

1999 年,国际武术联合会获得国际奥委会的承认,成为奥林匹克大家庭的一员。

2001 年 12 月 20 日,国际武术联合会主席李志坚致函国际奥委会主席罗格,申请将武术运动列入奥林匹克运动会。

2008 年北京奥运会上,武术项目作为表演项目向全世界展示自己。

目前,我国武术套路已经是亚运会的固定比赛项目,这是我国对世界竞技体育的一个贡献,既宣传了武术,也宣传了中国传统文化。通过竞技武术向世界舞台的推出来弘扬我国民族传统体育文化是民族传统体育国际化的重要途径之一。

现阶段,中国武术漂洋过海,让全世界的人们领略了"中国功夫"的神奇魅力。

整体来看,我国民族传统体育在世界范围内获得了极大的发展。但必须、也应该清醒地认识到,中国武术表面繁荣的背后,存在着传统文化的渐次消亡的现象,在中国武术竞技化改造过程中,其民族文化形态与内涵正在削弱。武术文化的淡化并非进行武术竞技化改造的初衷。

## 二、广西民族传统体育国际化传承策略

### (一)正确认识自己

长期以来,对我国民族传统体育的认知是不全面、不科学的。在过去的东西体育文化研究中,一种代表性的观点是:中国传统体育轻竞技,重伦理。这是对我国传统体育的曲解。

西方近代文明产生以前,我国唐代的武举制是世界上体系最完善、也是最富有公平性质的竞争体系。我国古代的蹴鞠、马球、龙舟竞赛异常激烈;举鼎、角力、摔跤等比赛肌肉力量较量往往会出现赛点,极具观赏性。

确切来说,我国民族传统体育的竞争性,是反对"极限的""损伤身体的""非道德的"过度竞争。

### (二)合理改造自身

广西丰富多彩的民族传统文化,要想在世界文化之林占据一席之地,应该重视对竞技性特征鲜明的部分民族传统体育项目进行改造,使之适应全球体育竞技化发展趋势。

具体来说,应在保留基本特点的基础上,改造内容和结构,提高观赏性、娱乐性。具体操作如下。

(1)保留民族传统体育风格,简化动作、套路。

(2)保留民族传统体育代表性技术、动作招式,增加趣味性。

(3)保留民族传统体育项目特性。

(4)保留传统武术的文化内涵。

(5)制定统一的国家标准。

### （三）借鉴成功的竞技体育发展经验

借鉴国际上 NBA（职业篮球赛）、NFL（职业橄榄球赛）的推广、营销经验推广具体的民族传统体育项目。

在注重项目竞技赛事本身发展的同时，积极开展与竞技项目相关的体育文化活动，如博览会、武术旅游节、学术论坛会、展销会等，不断扩大民族传统体育赛事的国际影响力。

### （四）保留民族文化精神内涵不改变

随着人们价值观念的转变。人们的价值观念受市场经济的影响，更倾向于经济利益的追逐，而对传统、文化，甚至是道德都有些淡漠，因此，导致传统民族传统体育的发展面临困境。

对民族传统体育的国际化推广、竞技化改造，并非一味地去迎合国外体育价值观、迎合国际竞技体育市场，对民族传统体育的改造应该是理性的，不能摒弃民族传统体育文化内涵中的民族精神、道德、品质。

## 第五节　广西民族传统体育中的非遗项目传承及反思

### 一、广西民族传统体育非遗项目

#### （一）我国非遗工作的开展

我国是一个文化古国，也是一个文化大国，未来，我国正在致力于建设一个文化强国。

长期以来，党和政府都十分重视文化的发展，并为此做了很多工作。

20世纪80年代末期以后,我国社会、经济、文化各方面发展趋于稳定并呈现出快速发展之势,由此开始,我国才把非物质文化遗产的价值提高到和其他物质文化遗产同等重要的地位。

2001年,我国昆曲艺术入选世界"人类口头和非物质遗产代表作",以此为标志,中国非物质文化遗产的抢救与保护工作进入一个新的时期。

2019年6月,我国正式开启第五批国家级非物质文化遗产申报工作。

### (二)广西"非遗"工作的开展

目前,广西壮族自治区有国家级非物质文化遗产8项,自治区级非物质文化遗产52项,其中,传统舞蹈46项,民俗4项,传统体育、游艺与杂技10项。

广西地区典型体育非物质文化遗产见表7-1。

表7-1　广西地区体育非物质文化遗产项目(部分)

| 体育项目 | 非遗编号 |
| --- | --- |
| 壮族狮舞 | 国Ⅲ—Ⅲ—5 |
| 藤县狮舞 | 国Ⅲ—Ⅲ—5 |
| 宾阳炮龙节 | 国Ⅱ—Ⅹ—74 |
| 壮族打扁担 | 区Ⅱ—74 |
| 板凳龙 | 区Ⅱ—75 |
| 侗族花炮节 | 区Ⅱ—98 |
| 桂林龙舟习俗 | 区Ⅱ—106 |
| 瑶族香龙舞 | 区Ⅲ—131 |
| 信都龙舟节 | 区Ⅲ—172 |
| 李家拳及南蛇过垌 | 区Ⅳ—243 |
| 州珮功夫 | 区Ⅴ—341 |
| 十八路莊功夫 | 区Ⅴ—342 |
| 白裤瑶打陀螺 | 区Ⅴ—344 |

续表

| 体育项目 | 非遗编号 |
|---|---|
| 隆林彝族打磨秋 | 区Ⅵ—481 |
| 壮族踩风车 | 区Ⅵ—482 |

## 二、广西民族传统体育非遗项目传承策略

这里从国家宏观层次对民族传统体育非遗项目科学化传承进行思考与分析,并指出科学化传承策略,这些策略适用全国,惠及广西。

### (一)加强政策法规制度支持

#### 1.政策

从立法来看,我国重视民族文化的保护始于 20 世纪 90 年代。

1997 年 5 月 20 日,国务院颁布了《传统工艺美术保护条例》,提出"国家对传统工艺美术品种和技艺实行保护、发展、提高的方针"。[①]

2011 年 6 月 1 日起我国开始正式施行《中华人民共和国非物质文化遗产法》,规定,非物质文化遗产包括以下内容。

(1)传统口头文学及其语言载体。

(2)传统美术、(梅花篆字)书法、音乐、舞蹈、戏剧、曲艺和杂技。

(3)传统技艺、医药、历法。

(4)传统礼仪、节庆等民俗。

(5)传统体育和游艺。

(6)其他非物质文化遗产。

---

① 陈淑姣.非物质文化遗产概论[M].北京:中国人民大学出版社,2016.

2.法规制度

近年来,在党中央、国务院的高度重视下,我国"非遗"保护工作取得了突破性进展,中国特色的"非遗"法规制度日渐健全。

2004 年,中国加入《保护非物质文化遗产公约》,是世界上第 6 个加入国。

2005 年 3 月 26 日,国务院办公厅颁发了《关于加强我国非物质文化遗产保护工作的意见》(以下简称《意见》),明确了非遗保护意义。

2005 年 12 月 22 日,国务院发布《关于加强文化遗产保护的通知》,强调在"非遗"中,应做好普查、制定保护规划、抢救文化、建立名录,加强民族文化遗产和文化生态保护。

2006 年起,每年 6 月的第二个星期六为"文化遗产日"(表 7-2)。

2007 年,国务院法制办和文化部门深入基层开展专题调研,为"非遗"立法论证。

2010 年 8 月 23 日,《非物质文化遗产保护法(草案)》正式提交全国人大常委会审议。

2011 年 2 月 25 日,《中华人民共和国非物质文化遗产法》颁布,2011 年 6 月 1 日起正式施行。

表 7-2 历届"文化遗产日"主题活动

| 年份 | 主题 |
|---|---|
| 2006 年 | 保护文化遗产,守护精神家园 |
| 2007 年 | 保护文化遗产,构建和谐社会 |
| 2008 年 | 文化遗产人人保护,保护成果人人共享 |
| 2009 年 | 保护文化遗产、促进科学发展 |
| 2010 年 | 非遗保护,人人参与 |
| 2011 年 | 文化遗产与美好生活 |

续表

| 年份 | 主题 |
|---|---|
| 2012 年 | 文化遗产与文化繁荣 |
| 2013 年 | 文化遗产与全面小康 |
| 2014 年 | 让文化遗产活起来 |
| 2015 年 | 保护成果全民共享 |
| 2016 年 | 让文化遗产融入现代生活 |
| 2017 年 | 文化遗产与"一带一路" |
| 2018 年 | 多彩非遗,美好生活 |
| 2019 年 | 非遗保护 中国实践 |

### (二)做好民族体育文化普查

2005 年 6 月,文化部统一部署了全国"非遗"普查工作,至 2009 年底基本完成。

我国"非遗"的全国普查,范围广,获得的各种文化遗产资料数量惊人,通过普查,较为全面地了解和掌握了我国各地、各民族的"非遗"资源的种类、数量、分布、生存环境、保护现状、存在问题等,为进一步的"非遗"保护工作的开展,提供了参考。

### (三)完善民族体育文化传承体系

#### 1. 建立"非遗"保护名录

我国国家级非物质文化遗产申请与评定始于 2006 年,我国先后在 2006 年、2011 年、2014 年、2019 年开展国家级"非遗"名录的申报和审批工作。

目前,我国已公布 1 370 项国家级非物质文化遗产代表性项目。我国的非物质文化遗产名录体系已初步建立。

此外,我国从国家到地方的国家、省、市、自治区的四级非物质文化遗产名录体系正在逐步形成。

## 2.建立"非遗"管理体系

目前,我国已经初步建立国家级和省、市、县四级非物质文化遗产代表作名录体系。

## 3.保护"非遗"传承人

保护非物质文化遗产传承人是建立和完善非物质文化遗产保护制度的关键环节。

2007年6月、2008年2月、2009年5月和2012年12月,文化部相继公布了第一、第二、第三、第四批国家级非物质文化遗产项目代表传承人,各类共计1 986名。

2008年,文化部制定《国家级非物质文化遗产项目代表性传承人认定与管理暂行办法》,明确规定了"非遗"传承人的认定标准、权利、义务和资助支持。具体义务如下。

(1)依法提供完整的项目操作程序、技术规范、技艺要领等。

(2)制定项目传承计划和具体目标任务,报文化行政部门备案。

(3)收徒、办学,无保留地开展传承工作。

(4)积极参与展览、演示、研讨、交流等活动。

(5)定期向所在地文化行政部门提交项目传承情况报告。

## 4.建立"非遗"文化保护区

文化有其具体生存、传播、发展的空间,保护与传承非物质文化遗产,建设文化生态保护区是一种机制创新。

2007年6月至2012年5月,我国相继建立了闽南、徽州、热贡、羌族、客家文化(梅州)、武陵山区(湘西)土家苗族等12个国家级文化生态保护实验区。

广西在非物质文化遗产保护方面,积极建立了各种非物质文化遗产保护工程,如非物质文化遗产馆,对当地"非遗"宣传、保存做出了贡献,收获了较好的社会反响。

# 第八章　广西大瑶山流传广泛的典型民族传统体育项目

广西大瑶山自然环境优美、民族风情多彩,具有丰富的民族传统体育资源,这些民族传统体育项目极大地丰富了广西大瑶山地区人民的精神文化生活,有效促进了人民群众的身心健康发展,对于当地体育文化发展、民族文化发展、民族和谐发展、社会和谐发展具有积极意义。本章重点就广西大瑶山流传广泛的几个典型民族传统体育项目进行详细阐述与分析。

## 第一节　舞香龙

### 一、舞香龙文化概述

舞香龙是瑶族的一种龙文化,之后发展成为瑶族人民的重要传统体育运动,并在瑶族人民生活的地区广泛流传。

相传,瑶族舞香龙起源于元末明初,当时,历经常年的战乱,统治者和百姓都非常珍惜来之不易的和平,当时的统治者对各地采取怀柔政策,各地百姓得以安居乐业,将主要的精力放在农业生产上。

明朝末期,周氏、叶氏瑶民从浙江迁徙到西粤(现广西)金秀大瑶山忠良乡高田屯定居,瑶族人民世居大山之中,山地农耕生活艰苦,收获每年不同,瑶民为了祈求来年丰收,会在年初拜会社山、庙宇、土地神,祈求神灵保护。

为了祈求神灵保佑风调雨顺,有好的收成,并祈求安康,便因地制宜地开展各种庆祝活动。充满智慧的瑶族人民因陋就简,以稻草捆扎钉在木板上,各节木板相连装扮成龙身,龙身扎满特制的香火(约手指粗、长约 50 厘米),通过舞龙的方式来表达喜悦之情,这种特殊的舞龙所用"龙"也成为瑶族人民的特色,与其他地区的舞龙中的"龙"不同,呈现出鲜明的地域和民族特色。高田屯舞香龙文化为金秀县特有。

随着舞香龙在瑶族人民群众之间的广泛传播与发展,舞香龙逐渐发展成为瑶族人民的一种代表性民族传统体育活动。

从文化的影响力来看,与周边民族文化相比,早期瑶族人民偏居一隅,金秀瑶山谷深壁悬,十步九折,交通闭塞,相对封闭,因此瑶族文化属低势能文化,在文化发展方面容易受周边文化濡染。而在长期的民族文化发展过程中,瑶族人民的生产生活能实现自给自足,因此,舞香龙文化活动能经过长期的发展而仍然具有鲜明的瑶族民族文化特色,具有瑶族文化的原生态性。

舞香龙作为瑶族代表性民族传统体育文化活动,在当前我国重视发展民族传统文化、强调建立"文化自信"的社会大背景下,引起了社会广泛关注。在政府指导下,舞香龙运动及其文化活动得到了有效的保护,"舞香龙"更是进入了当地学校,这有助于"舞香龙"的系统化传承。

2010 年,瑶族舞香龙被列入第三批广西壮族自治区非物质文化遗产保护项目。

2016 年,"瑶族舞香龙"成功申报了自治区级非物质文化遗产。同年,确定传统套路的主题"瑶韵香龙—鼓舞传世"获得 2016 年全国龙狮邀请赛冠军。

2017 年 4 月,舞香龙参加广西龙狮比赛获得冠军。

瑶族舞香龙是瑶族优秀民族传统文化,瑶族舞香龙是瑶族人民早期生产生活的文化形态再现,充分体现了瑶族人民勇于挑战、团结友爱、积极向上的民族性格与心理。舞香龙"舞"的是民族文化,"舞"的是民族记忆,"舞"的是民族精神和品格。

## 二、舞香龙活动内容

瑶族舞香龙发展到现在,有几百年的历史了,早期的舞香龙与现在的舞香龙在活动内容上发生了一些变化。

舞香龙活动仪式方面,早期,瑶族舞香龙活动主要在瑶族重大的祭祀日开展。在舞香龙活动正式开始前,会进行盛大而隆重的祭祀活动。舞龙活动前的祭拜活动过程复杂,包括有请龙、拜社山、庙宇、土地神、挨家挨户拜会、调堂、送龙归大海,全村吃平安饭等环节。这种宏大的祭祀规模表现了瑶族人民对舞香龙的重视。现在,舞香龙活动逐渐与早期的宗教祭祀活动相分离,大型民族节日中的舞香龙活动前的祭祀环节已经减少了,舞香龙在日常节庆活动中也十分常见,并且不再进行祭祀活动。

舞香龙制作方面,也能看到舞香龙历史发展的缩影。早期的舞香龙活动中所用的"龙"是用稻草扎龙,插上香火,用竹篾编织成鱼虾蟹,糊上棉纸,内置蜡烛;现在,香龙的制作工艺有了很大的进步,用染料玻璃或灯泡当眼睛,龙身香火装饰也用灯泡代替,龙身上的香火与装饰根据灯光强弱、颜色不同而表现得非常美丽绚烂。

规模较大的舞香龙活动一般在新年伊始开展,从农历正月初一至正月十五。一般分为以下三个环节。

"请龙"——各家各户,聚集河边,为龙插香火,为鱼虾灯点烛火,领头人默念请龙诀,鸣炮示意龙神到位(图 8-1)。

"舞龙"——舞龙队拜会社山、庙宇、土地神,舞动香龙,祈求风调雨顺,挨家挨户进行拜会,为各家送祝福(图 8-2)。每到一户,主家会为香龙换香火,从香龙上取下的香火插在香火榜及各处,寓意香火旺盛、人丁兴旺、六畜兴旺、五谷丰登。[①] 除了本村寨,也到其他村寨瑶家送祝福。

---

① 陈小蓉,谢翔,王艳琼.中国非物质文化遗产(广西卷)[M].兰州:甘肃教育出版社,2018.

"送龙"——正月十五晚上,选择村寨最开阔的场地"调堂",在请龙的河边,燃烧香龙及鱼灯,举行"送龙归海"的仪式(图8-3)。

**图 8-1　舞香龙"请龙"仪式,庞晓华摄**

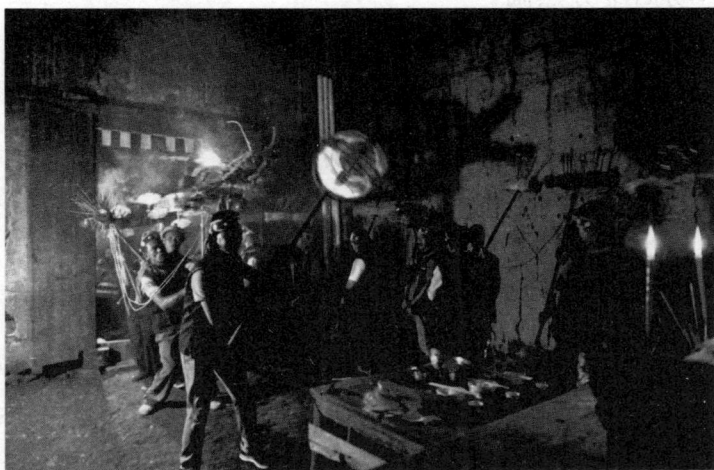

**图 8-2　舞香龙进户"拜会",覃针摄**

舞香龙活动具有庆丰收、祈平安的美好寓意,因此,在龙的制作上也力求寓意吉祥,龙的节数一般以 6 与 8 为尾数,每节约 1

丈,整条龙长约 16 或 18 丈。

图 8-3　舞香龙"送龙归海",叶明峰摄

香龙的舞动,需要每节三个舞龙者,着统一着服装,伴随着瑶族的鼓乐,把香龙舞得十分生动,香龙一会儿蜿蜒腾跃,一会儿翻江倒海,场面十分热闹。

# 第二节　八仙舞

## 一、八仙舞文化概述

八仙舞是瑶族的代表性民族传统体育运动项目之一,八仙舞文化与我国传统神话中的道教八位神仙,即"八仙"(铁拐李、汉钟离、张果老、吕洞宾、韩湘子、曹国舅、何仙姑、蓝采和)有着十分密切的关系。

相传,在金秀大瑶山地区,百姓每日辛勤劳作,自食其力、自给自足,过着幸福的生活。但突然有一年"瘟神"来至人间,来到风光秀丽的大瑶山,给当地的瑶族人民带来了灾难,从此,民不聊生,瑶族人民生活艰难,可是又没有办法对付"瘟神",于是就请来八仙来帮忙驱赶"瘟神",八仙与"瘟神"大战几个回合,斗智斗勇,最终取得了胜利,赶走了"瘟神"。为了庆祝胜利,庆祝此后百姓得以不再遭受苦难,八仙邀请邓、马、赵、辛四位元帅及天兵天将与民联欢,他们即兴起舞助兴,这些舞蹈动作技艺高超、动作优美,同时又夸张、诙谐、滑稽,让人叹为观止。之后,瑶族人民将八仙所跳舞蹈进行了整理,并取名为"八仙舞",在瑶族人民中广泛流传至今,每逢节庆日都会跳"八仙舞"。

据史料考证,瑶族八仙舞起源于1 500多年前的南朝,发源于金秀县大樟乡坳瑶地区,仙舞主要是在高秀艺人中世代传承。

"八仙舞"作为瑶族民间一项集体育健身、杂耍、娱乐于一体的表演项目,不仅在瑶族人民群众居住的地区广泛流传,具有较高的知名度,还深受周围地区其他民族人民以及外来旅游者的喜爱。

瑶族"八仙舞"是我国广西地区的一种极富民族特色与地方特色的民族传统体育项目,长期以来处于瑶族当地人民自演自娱的发展状态,随着瑶族青年的逐渐外出到城市谋生,瑶族本地居民中会跳"八仙舞"的艺人越来越少,再加上大瑶山地区比较偏僻,经济、文化发展较为落后,"八仙舞"的现代化传承情况不容乐观。

## 二、八仙舞活动内容

瑶族八仙舞的活动内容十分精彩,其中有不少具有相当难度的舞蹈动作,因此,瑶族八仙舞一般由青壮年来表演。

瑶族八仙舞正式表演活动开始前,通常用舞狮开场,演员们需戴神仙像面具及狗、鸟、鹰、猴等动物面具,配合锣声鼓点,舞蹈表演惊险刺激,又诙谐搞笑,场面热闹,颇具观赏性。

八仙舞,全场共八出,分别是"狮子拜堂","斑鸠饮水","阉鸡","土地公访四帅","大树翻根,滚球","仙女下凡","猴子在青山""雄鹰展翅",每出单独成戏,在表演过程中,舞者通过肢体动作以及彼此之间的配合来模拟大树翻根、滚球、雄鹰展翅等各种场景(图 8-4～图 8-6),动作夸张,形象生动,场面非常具有感染力和震慑力,表现了瑶族人民不畏艰辛、英勇奋斗的精神。

图 8-4　八仙舞"斑鸠饮水",叶明峰摄

图 8-5　八仙舞"滚球",叶明峰摄

图 8-6　八仙舞"大树翻根"，叶明峰摄

# 第三节　黄泥鼓舞

## 一、黄泥鼓舞文化概述

黄泥鼓是一种瑶族膜鸣乐器，瑶语称"尼王瓮"，古称铳鼓、腰鼓、长篌，在演奏时，鼓面涂黄泥。

黄泥鼓广泛流行于广西金秀瑶族、广东连南瑶族等地，这种鼓在演奏时并非只在鼓面上涂黄泥这么简单，黄泥不是一种装饰，是为了定准鼓音，据说只有大瑶山特有的黄泥浆糊过的鼓面才能击打出最准确的鼓音，而且因鼓面湿润，鼓音深厚、可产生双连鸣音，洪亮动听，能远传数里。

黄泥鼓属于长鼓中的一种，其外表形态为，两端粗、中间细，鼓身绘有动植物精美图案，鼓的两端和中间系 8 个铜铃，舞动时叮当作响。黄泥鼓有公鼓、母鼓之分。

相传，黄泥鼓的制作产生是为了纪念瑶族祖先盘王。瑶族史书《过山榜》中记载，先祖盘王是一位民族英雄，他在民族危难之际，征战他国，取得敌人首领头颅战胜而归，国王将三公主许配给盘王，并封其为王，人称"盘王"。盘王的子孙即为瑶族后代。盘王外出狩猎被山羊撞下悬崖丧生，人们将山下发现盘王尸体的泡桐树锯下制成一个母鼓、六个公鼓的鼓身，剥下山羊皮制成鼓面，鼓面糊黄泥浆，敲响黄泥鼓，鼓音深厚恢宏，以寄托哀思。此后，每逢有亲人去世，瑶族人都会敲打黄泥鼓，女子打母鼓，男子打公鼓。这种习俗世代传承至今。

据相关文献考证，瑶族黄泥鼓舞历史久远，其源于古代的细腰鼓，在 11 世纪时，已经在瑶族人民群众中广泛流传。南宋范成大的《桂海虞衡志》记载："瑶本盘瓠之后……有乐器名'长篌'，长三尺余……涂泥而后击。"南宋周去非的《岭外代答》中记载："铳鼓，乃长大腰鼓也，长六尺……鼓不响鸣，以泥水涂面，即复响矣。"明代顾炎武所著《天下郡国利病书》中称："衡人赛盘古……以木为腰鼓……绕身而舞。"文献中的长篌、铳鼓、腰鼓等，均指黄泥鼓。

瑶族善鼓舞，从古流传下来的瑶族鼓长鼓有两种，一种肥硕笨重，称"母鼓"，另一种纤细轻巧，称"公鼓"。"母鼓"因鼓面较大，存放时间久了鼓面受潮，鼓面会松，即便在太阳下晒着也很难使鼓皮不松软，于是瑶族人民就想办法用黄泥涂在鼓面晒干之后可令鼓面紧绷，长此以往，便有了黄泥鼓之说。

黄泥鼓的公鼓和母鼓大小、长短、彩绘不同，在演奏技法上也不同。母鼓，大而笨重，通常由演奏者系在腰间，双手击鼓面。公鼓，因轻巧而多手持鼓腰，上下舞动，拍击两端鼓面。黄泥鼓演奏常与舞蹈结合，边击边舞，民间称黄泥鼓舞。

黄泥鼓舞在早期是瑶族人民祭祀盘王以及土地、雷神、雨神各路神明的娱神娱己活动，之后逐渐发展成为瑶族人民的一种民族民俗体育活动，具有健身、娱乐等多重功能，极大地丰富了瑶族人民的精神文化生活。

　　黄泥鼓舞是瑶族文化的一种"活态"的非物质文化遗产,其与瑶族传统生产方式和特定的生活空间紧密相连,以声音、形象、技艺为主要表现手段,以身口相传为主要传承方式,发展成为瑶族体育非物质文化的瑰宝。

　　2011年,黄泥鼓舞成功入选我国第三批国家级非物质文化遗产名录。

　　2014年12月,中央电视台摄制组的人员来到金秀瑶族自治县六巷乡古陈村,对黄泥鼓舞进行走访调查,挖掘了每个黄泥鼓舞文化个人的自身故事,成功拍摄了国家级非物质文化遗产的纪录片《黄泥鼓舞》。

　　2016年1月4日,光明网"柳来河"(柳州、来宾、河池)非物质文化遗产巡演,坳瑶《黄泥鼓舞》是其中重要的表演曲目,随后,在各大节日期间在广西各地巡回演出,为瑶族文化的现代化传播增添了活力。

## 二、黄泥鼓舞活动内容

　　黄泥鼓用于表演,无固定高音,用黄泥涂在鼓面,使各鼓音高一致,合奏为歌舞伴奏。

　　黄泥鼓舞的表演,一般由一个母鼓和4个公鼓组队演奏,母鼓居中,由经验丰富的老鼓手击打,青年人手持公鼓围绕母鼓顺时针旋转,有歌者在内圈逆时针唱跳。

　　凡逢年过节、喜庆丰收、祭祀祈祷、婚丧嫁娶等日子,瑶族人民聚集在一起,手持黄泥鼓,载歌载舞,黄泥鼓既是伴奏乐器,又是舞蹈道具。

　　黄泥鼓舞表演内容与形式大体如下。

　　首先,锣、鼓、镲等各伴奏乐器齐鸣,宣布活动开始。

　　其次,身挎"母鼓"和"公鼓"的五名师公,鱼贯入场,母鼓在中间,公鼓在四周,绕圈跳转。母鼓笨重难舞,多是由持公鼓的师公起舞,他们或进退、或旋转、或跳跃、或弓身,或涮腰……动作复杂多变,舞步灵活。"母鼓"和"公鼓"不同的声音高低,以及鼓手不同节奏的敲打,合奏出一部广阔、厚重的"交响鼓乐"。

# 第四节　长鼓舞

## 一、长鼓舞文化概述

瑶族具有"瑶不离鼓"的文化习俗,"长鼓",瑶语称之为"汪嘟"(即"横鼓"或"花鼓"),长鼓舞在排瑶流传甚广,"耍歌堂"是排瑶最隆重的节日。金秀大瑶山也十分盛行长鼓,长鼓是金秀大瑶山瑶族舞蹈艺术的典型代表。

瑶族长鼓文化历史悠久,距今有 1 000 多年的历史。对于瑶族人民来讲,长鼓属于圣物,是祖先的象征,关于瑶族的长鼓舞有很多传说,传说版本不同,内容大体相似。

相传,古时瑶山风景优美,犹如人间仙境,有一位仙女游玩至此,同瑶族牧民唐冬比相恋,之后二人结为夫妻,后仙女被召回天庭,仙女临别之际告诉冬比,去南山伐木造鼓,在十月十六对天击鼓,可升天团聚。冬比历经千险万苦,终于到达南山,赶在十月十六造成大鼓并敲打击响,鼓声响彻四方,冬比升天与仙女团聚。此后人们为歌颂这段爱情,而在民间流传长鼓舞。

还有传说称,很久以前,在瑶山上住着父子三人,父亲临终前将家产平分给两个儿子,但是哥哥却独霸家产,并将弟弟冬比赶出家门。弟弟流浪在外四处打工为生,盘王的女儿房莎十三妹见冬比勤劳、善良,下凡与冬比结为夫妻,冬比的哥哥嫉妒冬比,就想要害死冬比,然后霸占房莎十三妹。盘王知道了这件事后,严惩了冬比的哥哥,并将房莎十三妹召回天庭,房莎十三妹临别时告诉冬比,南山有棵树,砍来做成长鼓,打 360 个套环,十月十六日那天踏环击鼓,跳 360 个圈,就可以飞上天去夫妻团圆。冬比照做，果然夫妻二人得以团聚。人们为了纪念这对恩爱夫妻，每逢盘王节，就会跳长鼓舞，这种习俗一直流传至今。

据南宋范成大的《桂海虞衡志》记载："饶鼓瑶人乐，状如腰鼓腰长倍之上锐下侈亦以皮鞔植于地，坐拊之"。可见，早在宋朝时期，瑶族人就有了利用长鼓进行歌舞的习俗。古籍《岭表纪蛮》记载：瑶人"每值正朔，家人负狗环兴炉灶三匝，然后举家男女，向狗膜拜。"宋人沈辽《踏盘曲》诗云："社中饮酒不要钱，乐神打起长腰鼓。"元代，《九嶷山志》载："长腰小鼓合笙簧，黄蜡梳头竹板妆。虞帝祠前歌舞罢，口中犹自唱盘王。"明代顾炎武著《天下郡国利病书》载："衡人赛盘古……今讹为盘鼓……相向而舞"。

近现代以来，受各种自然和社会因素影响，瑶族长鼓舞文化历经曲折，始终在民间发展流传。

瑶族人喜爱长鼓舞，逢年过节，如传统"过新年"、农历十月十六"耍歌堂"等瑶族传统节日，以及丰收时节，新婚等喜庆日子，都会跳长鼓舞来助兴。

长鼓舞体现着苗族人民的民族文化价值，对瑶族传统文化的弘扬和可持续发展起到助推作用。2008年，长鼓舞申遗成功，成为第二批国家非物质文化遗产。

随着改革开放和西部大开发的推进，我国广西地区经济、文化获得了良好的发展，长鼓舞在民间复苏，并摆脱祭祀性质，从传统祭祀的"娱神"活动转变为"娱人"的民族传统体育活动。


## 二、长鼓舞活动内容

长鼓舞舞蹈表演形式均为4人合舞，或双人对舞，或男女混合而舞，或在一张八仙桌上边打边跳，同时，以唢呐、锣鼓、牛角伴奏，并唱"盘王歌"助兴。

舞蹈过程中，伴随着长鼓的击打节拍与节奏，配合其他乐器伴奏，舞者时而腾空跳跃，时而下蹲盘行，技术动作复杂多变，节奏变化丰富，各鼓手与舞者彼此默契配合，哼曲、手舞、足蹈，鼓之、歌之、舞之,丰富的听觉与视觉感受能使人仿佛看到古老瑶族人民在大山中生产、祭祀的恢宏场景,极具共鸣感。

# 第五节　蚩尤舞

## 一、蚩尤舞文化概述

蚩尤,是我国上古时期时,九黎氏族部落联盟的首领,相传,蚩尤英勇善战,他曾与炎帝大战,蚩尤在位时期,定居中原,兴农耕、冶铜铁、制五兵、创百艺、明天道、理教化,奠定了华夏民族的根基。

在我国古书上,有很多关于蚩尤的传说。

《初学记》卷九引《归藏·启筮》云:"蚩尤出自羊水,八肱八趾疏首"。

《述异记》云蚩尤"食铁石","人身牛蹄,四目六手"。

《封禅书》记齐祀八神,"三曰兵主,祀蚩尤"。

《山海经·大荒北经》记载,蚩尤伐黄帝,双方在冀州之野大战,蚩尤兵败被杀。

蚩尤善战,"制五兵",以战神的形象被后代熟知。蚩尤战败后,族人四散,后世相关民族主要有汉、苗、瑶、羌族等。

关于蚩尤舞的起源,相传,蚩尤与黄帝大战,战败后并未被杀,而是退居到广西桂北一带与世隔绝的大山中,带领子民与恶劣的自然环境做斗争,刀耕火种、捕鱼猎兽、建屋搭桥,休养生息、繁衍后代,这些后代就是瑶族。瑶族人为了纪念和感恩祖先,选定每年农历五月二十七至二十九日,以舞蹈敬奉蚩尤。[①]

蚩尤舞表现了瑶族人民对先祖战胜大自然,为子孙后代谋得生存之所、生存之技的感恩之情,也表现了早期瑶族人民在自然中

---

① 王利春.瑶族蚩尤舞体育文化研究[D].广西民族大学硕士论文,2016.

艰难生存创造了今天幸福生活的不易，是瑶族的一部歌舞史诗。

## 二、蚩尤舞活动内容

农历五月二十七至二十九是瑶族的"瑶年"，也称"达努节"，是瑶族人民最重要的节日之一。在节日期间，瑶族人民会跳蚩尤舞，祭祀、祈福。

瑶族蚩尤舞有完整的活动仪式。

蚩尤舞正式开舞前，通常会先设置神案，摆好各类祭祀品，烧香、打鼓、放炮，祭拜祖先蚩尤。

祭拜完毕之后，由"蚩尤"吹响牛角号，高呼："开锣喽……"，众人以"呼喂"响应，蚩尤舞便正式开始。

蚩尤舞过程中，伴随鼓乐，整个结构可以分为开荒、狩猎、割谷、打谷、扬箕、闹场、背粮七个部分。男子持长矛、弓箭、锄头等农具，女子持背篓、簸箕等农具紧随其后，舞者在"蚩尤"的带领下，用沉重粗犷的动作再现瑶族人民垦荒、耕作、狩猎等劳作的场景，表达对祖先的敬意，同时也祈求来年的人畜安康、喜乐丰收。

蚩尤舞中的舞蹈动作、服饰、工具等，都表现了与汉民族和其他少数民族所不一样的民族民俗，具有独特的民族风情。

此外，蚩尤舞以蚩尤光辉形象作为瑶民的民族信仰，具有丰富民族精神文化、凝聚人心、规范行为、促进人际和族际交往等重要作用，有助于夯实我国的民族文化根基、促进民族团结与共同发展。

# 第六节　双刀舞

## 一、双刀舞文化概述

双刀舞是布努瑶的一种舞蹈，是瑶族人民战斗场景的艺术表现。

在瑶族人民群众的生活中，刀是重要的生产生活工具，瑶族人民用刀开山耕种、与猛兽搏杀，同时，刀也是作战时防身杀敌的重要武器。

瑶族人民在生产之余会练习刀的使用，并用刀来舞蹈娱乐。

## 二、双刀舞活动内容

瑶族双刀舞是一种富有战斗性特点的男性舞蹈，舞蹈中有很多舞动刀的各种拔、抖、劈、砍、挑、刺等动作。

瑶族双刀舞，整个舞蹈过程中，各舞蹈动作在铜鼓的伴奏下进行，节奏欢快、情绪激昂，生动再现了瑶族人民早期战斗的场面，表现了瑶族人民威武不屈、英勇善战的民族性格。

# 第七节　猴鼓舞

## 一、猴鼓舞文化概述

"猴鼓舞"是布努瑶同胞于"达努节"这天表演的娱乐性舞蹈，关于"猴鼓舞"的起源，有几个美丽的传说。

相传，古时，瑶族经常受到外敌的侵扰，当时的瑶族公总领（领袖）带领瑶民，历尽艰辛，终于打败了侵略者，为了庆祝来之不易的胜利，各村寨把酒欢歌，尽情地唱歌与舞蹈，欢快的场面吸引了周围山林中的动物，很多猴子也进入到人群中活泼乱蹦，手舞足蹈，一片祥和的景象。此后，每年"达努节"，瑶族人民都会跳舞欢庆，并有舞者模仿猴子的各种动作打鼓、跳舞，引得其他舞者和周围观看的人捧腹大笑，好不热闹，增添了许多节日的欢快气氛，"猴鼓舞"便由此应运而生。

也有传说称,在古时的某一个时期,瑶族人民大迁移,在途中遇到了坏人抢劫,瑶族百姓奋起反抗,但无奈寡不敌众,在危急关头,猴王带领猴群从山上下来助阵,这些猴子或持石块、或持棍棒、或与坏人扭打,帮助瑶族先民打败敌人、脱离了危险,为了纪念和感谢猴子的这次帮助,瑶族人民在此后的民族节庆舞蹈时模仿猴子进行舞蹈,随之演变成为"猴鼓舞"。

还有在毛南族中流传着关于"猴鼓舞"的传说,相传有一位母亲含辛茹苦养育着三个儿子,有一次上山采集,小儿子与两位哥哥走失,掉进一个猴子居住的山洞,与猴群一起生活,逐渐身上长出毛发、也忘记了自己的语言。而丢失了儿子的母亲整日郁郁寡欢、伤心痛苦,身体一天不如一天,几年后含恨而终。在母亲出葬这天,按照毛南族的民族习俗,法师要桥铜鼓祭祀亡者,鼓声响彻云霄,传到千里外的深山。走失的小儿子被鼓声吸引,顺着鼓声找到了自己的家,看着母亲的棺椁和在旁痛哭的哥哥们,小儿子突然想起了以前的生活,可是这时的他已经不再会用语言表达,为表达离开家人多年的悲伤和对母亲的思念,他捡起一段空树筒,用腰间兽皮,做成兽皮鼓,击鼓舞蹈,发出"嚓、嚓、嚓"的声音,人们终于认出他就是当年走失的小孩,兄弟三人得以团聚,在母亲灵前泣不成声。此后有亲人去世,人们为表达哀思与悲痛,就会跳起"猴鼓舞"。

"猴鼓舞"节奏欢快、动作滑稽,表达了瑶族人民和毛南族人民对生活、对祖先、对亲人的各种丰富的情感,每在重要节日和场合都会舞之蹈之,久而久之,逐渐发展成为一种民族传统体育舞蹈。

## 二、猴鼓舞活动内容

"猴鼓舞"在开展过程中,通常由5～7人表演,舞者们分别拿鼓、树枝、斗笠、芭蕉叶、鼓棍等各种小道具,一人戴猴子面具,模仿猴子动作,其他舞者则彼此逗趣取闹,或与"猴子"打闹玩耍。

在舞蹈中,"猴子"有玩鼓、吃果、攀崖吊树、翻筋斗等动作,"猴子"手脚轻快敏捷,活泼机灵,表现了瑶族人民的山林生活、克服自然环境后的喜悦心情,是瑶族人民的生活写照。

"猴鼓舞"也主要是作为一种致哀舞蹈存在,也作为娱乐舞蹈,在不同地区的瑶族有多种形式,舞蹈内容也有所区别,具体分析见表8-1。

表8-1 "猴鼓舞"常见舞蹈内容与形式

| 舞蹈形式 | 舞者配备 | 舞蹈内容 |
|---|---|---|
| 一鼓一笙 | 舞者两人,一人击鼓,一人持笙,皆为男性。鼓笙乐声"和"之 | 击鼓者动作有正打、背打、胯打等击鼓动作,吹笙者动作有:跟步转、踏步转等。舞者或独舞,或配合而舞;时而围桌跳,时而滚上桌面跳,具有一定的演技性 |
| 一鼓二笙 | 舞者三人,一人击鼓,两人持笙跳舞相伴,皆为男性 | 击鼓者用基本固定的姿态去击打鼓面;两位芦笙舞者在鼓者前方跳芦笙舞,舞蹈动作对称或相同 |
| 一鼓四笙 | 舞者五人,一人击鼓,四人持笙而舞,皆为中年男性 | 击鼓者双手持鼓棍击棒、击鼓、言鼓边交替进行,如"打O咚O""打O的O";芦笙以连续的8分音符为旋律,节奏急、速度快,一曲到底,无限反复。跟随音乐伴奏,击鼓者随意做正打、背打、胯打、反打、上打等击鼓动作;吹笙者做连续"跟步转"动作,并在两两换位舞蹈,动作单一,动律单纯 |
| 一鼓多笙 | 舞者20余人,1人击鼓,男子吹笙,舞者为男女青年 | 击鼓者击棒、击鼓、击鼓边、击鼓绑交替进行,如"打O咚O""打O的O""打O嘎O",配合跳步、胯打、身后击鼓等动作;芦笙以连续的8分音符为旋律,所奏曲调速度平缓,一曲到底,无限反复<br>男女青年舞者(女子持彩巾)随伴奏做横步甩腿、甩腿跳、拍手跳、四步跳、翠手跳、牵手跳、对脚跳等舞蹈动作。"顶胯横走"与"叉腰顶胯"等动作为孟关苗族独有 |

此外,猴鼓舞的鼓的打法分单打、双打、男女混合轮换打等多种形式。男子单打鼓,主要以武术动作组成套路,刚劲、诙谐。女子单打鼓,模仿生产劳动,如纺纱、织布、摘花等组成套路,轻捷、灵巧。男女表演的气势、声响、动作、情态等各不相同,各具风采。

# 第八节　铜鼓舞

## 一、铜鼓舞文化概述

铜鼓舞主要流传于布努瑶地区。铜鼓舞的起源与布努瑶的生产劳动密切相关。

相传,远古时候,有个叫"密洛陀"的祖娘,她是瑶族的创世女英雄,为瑶家解百难,造万物。密洛陀婚后,生育三子,丈夫远离家乡赶山造河,密洛陀独自一人抚养孩子长大成人,并教会三个儿子不同的劳动技能,老大去平原耕田种五谷;老二去坡岭垦荒种玉米;老三去深山开荒。因山林鸟兽多,经常侵害庄稼,于是密洛陀就想出一个办法,将一面铜鼓和一只猫交给小儿子,敲铜鼓驱赶鸟兽、放猫抓山鼠。三兄弟在各自辛勤劳作下过上了好日子,为报答祖娘养育之恩,就在祖娘生辰这天,带领妻儿敲打铜鼓,跳铜鼓舞。从此,铜鼓舞便流传至今。

铜鼓舞表现了布努瑶人民开山造林、垦荒种地的辛苦安家置业的历史,也表现了布努瑶人民面对自然艰难的勤劳、智慧、不屈的民族品质与精神。

发展到现在,铜鼓舞主要在桂东、桂西两地区的瑶族人民群众间流传,各地分布的瑶族的铜鼓舞有不同的地域舞蹈文化特点与风格(表8-2)。

表 8-2　桂东、桂西不同地区布努瑶舞蹈风格与特点

| | 桂东 | 桂西 |
|---|---|---|
| 地域特点 | 多土岭土山,气候宜人,接近平原,生活富裕 | 多石山,散居,交通不便 |
| 舞蹈风格 | 豪放又不失优雅 | 古朴深沉 |
| 舞蹈动律 | 弹、扭、稳、矮 | 颤、轻、巧、沉 |
| 舞蹈伴奏 | 小长鼓、黄泥鼓、吹奏乐曲 | 铜鼓、皮鼓、牛角、竹筒、铜铃、木鱼、锣、钗、唢呐等 |

　　瑶族人民所居住的地域特点,决定了铜鼓舞的舞蹈风格与特点,在远古交通闭塞的环境中,瑶族人民通过响彻的铜鼓声来传递信息、表达情感,这是瑶族特有的石山地域生活环境的特有的情感表达方式。

### 二、铜鼓舞活动内容

　　铜鼓舞作为瑶族的一种生产娱乐舞蹈,参与人数不限,舞者手持各种乐器和小工具,边击打吹奏边舞蹈,舞姿粗犷有力,生动活泼。

　　布努瑶民间舞蹈"铜铃舞"中,所使用到的铜鼓舞的特殊伴奏方式,如抖铃、碰铃、摇铃等,声音清脆、悦耳动听,并用藤条模拟弓箭、刀、棍等,做驱赶鸟兽的动作,艺术地再现了瑶族人民的石山狩猎、农耕生活。

# 第九节　狮子上刀山

## 一、狮子上刀山文化概述

　　"狮子上刀山"是早期瑶族人民的一种具有浓郁的民间宗教

色彩的一种祭祀活动,之后发展成为我国的一项民族传统体育活动。

关于上刀梯还有一段动人的传说。很久以前,苗山出现了一个兴风作浪的妖怪。一位叫石巴贵的青年,自告奋勇为民除害。百姓们有的提公鸡,有的扛供桌,簇拥着身带三十六把钢刀的巴贵来到一座山上。巴贵将钢刀全钉在一株古树上,一步一步攀上树顶,站在树尖舞动手中降妖鞭,吹响大海螺。与此同时,树下百姓点燃鞭炮和铁铳,敲起响具,终于把妖怪吓跑了。为纪念石巴贵为民除害,上刀梯活动世代流传下来。

"狮子上刀山"活动的主要目的是祈求神灵的庇佑、祈祷丰收,"狮子上刀山"主要流传于我国宜山一带,是我国布努瑶民间宗教祭典舞蹈。

新中国成立后,"狮子上刀山"经过改革,弃其封建迷信糟粕,保留了精华之处。具有高超武艺的苗族青年每逢热闹场面都要参加"狮子上刀山"的表演。

瑶族先民们生存在四处有山林的自然环境中,面临着山洪、泥石流、猛兽等各种自然危险因素的侵扰,在早期生产力低下的环境中,人民生存艰难,生活压力大,于是便有了"狮子上刀山"的惊险刺激的舞蹈活动,通过"狮子上刀山"的舞蹈,能鼓励和帮助瑶族人民提高战胜自然的信心,同时,瑶族人民也相信,这种危险的舞蹈尝试能表现瑶族儿女勇敢的心,以感动神灵,寻得庇佑,"狮子上刀山"是一种表现给神灵看的娱神活动。

"狮子上刀山"通过对自然界事物的艺术化模仿,通过舞者光脚攀爬"刀山"(用刀架成的梯子),来表现生活的艰辛,和对生活中艰难险阻的无畏,通过这种勇敢的举动,希望能打动神灵,获得神灵的庇佑,以祈求风调雨顺、五谷丰登。

## 二、狮子上刀山活动内容

"狮子上刀山"活动开展过程中,一般由四名男青年进行表演,他们分别着特色服装,扮演公狮、母狮、小脸猴子、大肚罗汉。四人在锣鼓、锁唢伴奏下,攀爬刀山,并在上刀山的过程中做出各种惊险的动作。

"狮子上刀山"舞蹈的开始,由一位年长的师公,先口念咒语,随后在师公的带领下,各装扮好的舞者舞动道具,上"刀山"(木架扎成的刀梯,刀口向上,约二、三丈高)。

整个舞蹈过程中,舞者均赤脚,分别头戴狮子、猴子、罗江面具,手持长刀或短剑,沿"刀山"踩着锋利的刀刃,做着各种舞蹈动作一步一步爬上架顶,上刀梯之前必须运足气力,气贯涌泉和劳宫,节节向上攀登。到达"刀山"顶之后,在高空中做各种倒立、翻身等惊险的动作及造型,如"金鸡独立""单臂吊刀""倒挂金钩"等,最后沿刀梯鱼贯而下,下"刀山"。

整个"狮子上刀山"舞蹈,艺术地表现了布努瑶人民坚强意志和超人的生活适应能力。雄奇险峻、步步惊险的刀山,勇敢的瑶族人民能轻而易举地克服,就如同瑶族先民奔波在峻岭群山之中,打磨了瑶族人民铁般的脚板,也使瑶族人民形成勇敢刚毅的性格。

"狮子上刀山"舞蹈中,舞者威武凛凛,步步登高,朝气蓬勃的表现,象征着瑶族人民不畏艰险、生机盎然、奋发向上的无畏精神风貌和战胜自然灾害的英雄气概。

# 第十节　砍牛

## 一、砍牛文化概述

白裤瑶,自称"布诺"是瑶族的一个支系,因该族的男子穿齐膝白裤,故得名"白裤瑶"。

"砍牛"是白裤瑶传承千年的一种民族传统习俗。每年秋后,白裤瑶村寨都会举办非常大型而且隆重的祭祀活动,少数百人,多则一两千人参加。整个祭祀场面气氛凝重、庄严,表达了白裤瑶儿女对祖先的哀悼。

相传,白裤瑶的铜鼓、皮鼓是古代用以出征打仗报警的。有一次,白裤瑶与土司打仗,因寡不敌众,头领重伤逃进深山,之后因伤势过重在山中含恨而死,瑶胞为了祭祀头领,就用作战时使用到的铜鼓、皮鼓奏响乐曲,并跳舞宣泄悲痛。

砍牛成为是白裤瑶的葬礼习俗,长者死后假葬或以泥封棺,再择日正式下葬,白裤瑶下葬必须选择吉日,一般以龙、马、鸡、猪等日为吉利,称"二次葬",二次葬时举行隆重的敲铜鼓、唱古歌、砍牛等祭奠仪式。铜鼓、皮鼓是葬礼活动的主要打击乐器,在平时不能随意敲打。

古时,生产力低下,耕田种地都需要牛,牛是农家宝,没有牛就意味着贫穷,而白裤瑶死人却要砍牛,这是其他民族所没有的。其实这也源于白裤瑶对牛的重视。具体分析来说,牛作为重要的生产伙伴对白裤瑶也同样具有重要的帮助作用,在白裤瑶的砍牛中,砍的都是精心挑选的最壮的水牯牛。砍牛送葬,在白裤瑶的心目中是尊重逝者、孝敬逝者的表现,白裤瑶人认为,牛是前辈创业的结晶,应与前辈结伴同行,否则先人在另外一个世界还会受累受穷。

砍牛舞蹈在白裤瑶祭祀舞蹈中有着重要的意义,整个舞蹈以"牛"为主角,表现了牛对人们的忠诚,对人民劳作耕种的重要帮助,舞蹈中还有模仿牛负重爬山的动作,这与他们常年深居山巅峒场的地理环境有关。

白裤瑶砍牛祭祀舞蹈属于人体艺术文化,目的是表达对逝者的哀悼,和对逝者在另外一个世界有好的生活的祝愿。整个舞蹈也表达了对瑶族坚强克服各种困难、努力生活的歌颂。

发展到现在,白裤瑶的砍牛祭祀舞蹈多与民俗风情紧密联系,在民俗节日期间练习和表演。

## 二、砍牛活动内容

白裤瑶砍牛祭祀舞蹈是一种独特的祭祀舞蹈,整个过程庄严肃穆。

逝者死后,丧家会发丧,亲朋好友以"油锅"(具有氏族公社性质,具有村寨事务的组织管理、规范协调以及稳定秩序,促进瑶族同胞凝聚、文化传承等重要功能)①为单位赶来吊唁。亲友先到丧家灵堂吊唁死者,出门接受丧家敬酒后,把铜鼓拿到铜鼓汤,挂在铜鼓架上,由魔公念过后,方可敲打。丧家的舅爷及其"油锅"兄弟来奔丧,吊唁完毕,丧家招待吃饭。舅家及"油锅"兄弟要挨家挨户到死者直系亲属家慰问,接受敬酒、再次接受招待吃饭。所有吊唁、慰问活动之后,舅爷及"油锅"兄弟把铜鼓挂在铜鼓架上,魔公念祀语后,放可敲打。

砍牛大体流程如下。

(1)砍牛的当天早晨,魔公会一早来砍牛场(一般设在村寨大的草坪上),喃念驱赶邪恶的咒语,祈求祖先保佑。下午三、四时,砍牛正式开始。

(2)由丧家兄弟撑黑伞陪同舅爷走进砍牛场,站在拴牛桩对面五米远的地方。随后,一人披麻戴孝牵牛来到场上,拴在牛桩上,返回灵堂报告砍牛场已准备就绪。

(3)所有送葬的人全场呜咽着绕灵棺走一圈,鸣地炮三声。

(4)魔公唱砍牛歌,历数祖宗功德,赞牛对主人的忠实与贡献。众亲属手拿竹枝、谷穗、青草和盛着谷子的簸箕,排长队走进砍牛场,边走边哭,轮流给将被砍的牛跪拜三下,围着牛边歌边舞,舞蹈中,把箕内谷子、手上谷穗、青草等向牛撒去,以表依依惜别之情。舞蹈特点是前倾颤动。砍牛仪式上,要唱《牵牛歌》《哭牛歌》《祭刀歌》《祭鼓歌》《送魂歌》等。如《牵牛歌》的唱词如下。

---

① 刘志娟.白裤瑶"油锅"组织及其社会功能——以广西南丹县里湖瑶族乡怀里村为例[D].广西民族大学硕士论文,2009.

呕唷唷——

我们吃的糯饭哟，为何这般芳香？

我们喝的米酒哟，为何这般醉人？

这是因为哟，

牛帮我们犁田耙田把地耕，

五谷才能开花结果，米酒才能酿成，

呕唷唷——

牛就是我们的命根，

呕唷唷——

今天大牯牛为何走得这样慢。

好像驮着两座山一样沉？

今天大牯牛为何老是低着头，

好像挨老虎撵后一样丧魂？

这是因为哟，

它承担着我们老者献肉的重担，

让我们的长辈在阴间安宁。

它要与我们的老者做伴，

让我们的长辈在阴间免遭折腾，

呕唷唷——

这件事比山还重，比虎撵还要紧。

(4)亲属喂牛、拜牛、哭牛后，巫师撒白米、念先辈祖宗功德、死者经历和后人对死者的怀念等。仪式完毕就开始砍牛。

(5)砍牛人，为舅爷，反映了白裤瑶舅权制特点。舅爷手持大砍刀，拜牛，喷洒、运气、猛吼，手起刀落。整个过程体现了瑶胞粗犷、豪放的性格，也体现瑶族人民的勇敢与坚强。

(6)砍牛后，铜鼓震山敲响。居住分散的瑶族同胞，只有为先人送葬时才有机会团聚，按传统他们会借此聚会，好好聚餐、饮酒、叙旧、叙情，他们用这种朴素的方式来联络族胞情感。瑶胞们或敬酒、或自饮、或互灌，有人用竹筒喝牛血酒，他们呼喊着，尽情舞蹈，表达和宣泄内心的情感。

　　白裤瑶的丧葬仪式,惊心动魄的"砍牛"与铜鼓舞和铜鼓乐结合在一起,白裤瑶砍牛祭祀舞蹈,舞蹈动作载负着浓厚的原生态文化积淀,充分表现了白裤瑶先民与大自然的顽强抗争,表达和宣泄了战胜自然的愉悦,是瑶族先民与大自然博斗的激烈场面的再现,包含着对祖先的祭祀和对前人深深的敬意。

　　从文化社会性角度来看,白裤瑶的砍牛祭祀既是悼念死者的仪式,也为数千瑶族同胞创造了一个集会的机会,是白裤瑶进行社交和娱乐的活动,是体育与舞蹈的综合展示。

# 第十一节　打陀螺

## 一、打陀螺文化概述

　　打陀螺,又称"赶老牛""打猴儿""拉拉牛"等,陀螺运动最早是我国西南少数民族喜爱的民族传统体育活动,其历史悠久、流传广泛、玩法多样,各民族民间的陀螺及打法各有不同。

　　打陀螺,起源于北宋时期,时称"千千车""妆域"。据宋人周密《武林旧事·小经纪》载:"若夫儿戏之物,名件甚多,尤不可悉数,如……千千车、轮盘儿。"清人翟灏《通俗编》称:"宋时儿戏物有千千,见《武林旧事》,……皆陀螺之类。"我国古代宫廷妇女喜欢玩耍的"妆域"之戏,也与陀螺有关。

　　至明代,民间有了"杨柳活,抽陀螺"的习俗,在此后的很多古籍中,都有关于陀螺的制作方法、形状、大小、游戏方法、活动场景等的记载。

　　清朝时期,打陀螺已经发展成为我国民间的一种儿童游戏活动,打陀螺自此在民间广泛流传至今。

　　我国各少数民族常见陀螺有如下几种。

　　傣族陀螺,又称"百跌",陀螺木制平头,锥底,打法为分队集体对抗。

佤族陀螺,又称"布冷",头大身细、形似鸡枞(一种菌类)。

壮族陀螺,形似一支大盘子。

瑶族陀螺,大小不一,重者可达四五斤。

苗族陀螺,从形状看有团、扁、椭圆的,从本质看,分"干心"和"泡瓜"两种,"干心"为上品。

我国打陀螺这一民族传统体育活动与游戏不仅在我国人民群众备受欢迎,也远传国外,据考证,早在10世纪以前,打陀螺游戏就已经传到了朝鲜、日本等国。

目前,打陀螺在全国各地区广泛开展,是当代群众文化娱乐休闲体育活动之一。同时,打陀螺还是我国一项民族竞技体育运动项目。

## 二、打陀螺活动内容

打陀螺时,非常讲究方法和技巧,如有两种放陀螺的方式。

一种放陀螺方式为,一手拿一陀螺,双手旋转陀螺使之在地上转动起来,再用鞭子抽打陀螺使之平稳转动。

另一种放陀螺方式为,将鞭子缠绕陀螺上(缠两三圈),然后将陀螺放在地上,用力快速抽拉鞭子,靠鞭子的拉力使陀螺在地上旋转。

陀螺成功着地,并在地上旋转时,要注意观察陀螺的旋转和走向,在陀螺即将停止转动时,再用鞭子抽打,周而复始,一直让陀螺保持转动状态。

一般性的打陀螺游戏,主要是比赛看谁的陀螺旋转时间长,以转动时间长短决定胜负。

集体性打陀螺游戏,可比旋转时间长,也可比掷远,人数较多时,可直接划线远打,一二十个陀螺同时支,声音如大群蜜蜂"嗡嗡嗡"在飞,场面十分壮观。

竞技性打陀螺比赛,一般是分组集体对抗,一方先旋放抽击陀螺,少顷,另一方也旋放抽击陀螺,双方各自抽打旋转的陀螺去撞击对方的陀螺,看谁能把对方的陀螺撞倒。陀螺被撞倒的一方失败。在有些陀螺比赛中,被撞到的陀螺,如果能用鞭子"救起",则可使之继续转动参加比赛,如果被撞倒的陀螺无法"救起",则判失败。

# 第十二节　斗鸟

## 一、斗鸟文化概述

招鸟节,又称"禁鸟节""敬鸟节",是白裤瑶的重要节日。

白裤瑶人民素来崇拜鸟、敬鸟、爱鸟,每年农历的二月初二,白裤瑶家家户户都会制作各种美食,并放在特制的大簸箕里,供祭鸟儿,让鸟儿饱餐一顿。也有人会庙中供祭,求鸟儿无恙,求无虫无灾,风调雨顺,五谷丰登。

白裤瑶人十分爱鸟,养鸟人的身边时常可见鸟笼,可谓寸步不离,白裤瑶人所饲养的鸟,有很多种类,常见的主要有杜鹃、画眉、黄鹏、云雀、百灵、草鸡等。

白裤瑶男子痴迷于斗鸟,斗鸟不受场合限制,婚礼、立房、赶街、走亲、达努节,只要有两只鸟,双方鸟主愿意,就可以斗鸟。白裤瑶的养鸟人在捉鸟、养鸟、驯鸟、斗鸟的过程中,享受着与鸟做伴的无穷乐趣。

斗鸟是瑶、汉、壮、苗、侗等民族男同胞积极参与的一项民俗体育活动,每到斗鸟日,远近的鸟爱好者们都放下农活,赶来斗鸟,观鸟,换鸟。

值得一提的是,白裤瑶的斗鸟多为自娱自乐,与一些旅游地的功利性的、赌博性的斗鸟有着很大的区别。

## 二、斗鸟活动内容

斗鸟赛是白裤瑶传统的体育娱乐活动之一,众鸟客将各自的鸟笼摆在一起,听哪一只叫声更加清脆、动听。

白裤瑶人斗鸟,参赛的鸟儿以画眉鸟为主,斗鸟招式主要包括以下几种。

"打并笼"——两鸟同处一笼互相扑斗,斗鸟时,先将双方鸟笼对门洞靠拢,两只鸟在玩命斗打,从这笼打到那笼,又从那笼斗到这笼,鸟很容易受伤甚至残废,场面激烈。爱鸟如命的人一般不会选择这种斗法。

"打嗝笼"——凭的是打技巧、绝招取胜。竞技技术主要有"捆丝",即用嘴啄对方的脚;"箍头",即用爪箍对方的头;"打灌嘴",即用嘴牵拉对方舌头,等等。

还有一种是两鸟笼各拿开中间一根门"柱子",门对门拼靠,鸟只斗嘴。

白裤瑶人民还把斗鸟编成斗鸟舞,舞蹈分成两队,每队提一个鸟笼,里面装有鸟,他们跳着舞步进场,将鸟笼拼在一起放在场地中央斗鸟,舞者或站、或趴;一会笑,一会沮丧,呈现观鸟斗的情景。斗鸟舞是极富民族传统色彩的民族传统体育活动,对于舞者和观舞者来说,均具有健身、健心、休闲娱乐,促进情感宣泄与交流的重要作用。

千百年来,白裤瑶的斗鸟是一种业余爱好,也是一种体育文化现象,斗鸟参赛者从身体力行、不辞艰辛的捕鸟、养鸟、驯鸟、斗鸟,都体现了瑶族斗鸟文化的强身健体、调节情感、陶冶情操的价值。此外,斗鸟还能促进民族文化交流,民族友好往来,和谐相处。

# 第九章 广西金秀"盘王节"促进
# 和谐社会的构建

　　"盘王节"是广西金秀地区瑶族人民的重要民族传统文化节日,在"盘王节"中会举办各种祭祀、庆祝、娱乐活动,瑶族儿女会跳各种舞蹈来欢度佳节。"盘王节"丰富多彩的民族歌舞艺术活动,以及民族传统体育文化活动极大地丰富了瑶族人民的业余文化生活,是瑶族人民历史文化的艺术表现,也为瑶族人民用肢体语言进行交流、沟通提供了便利。本章重点就广西金秀"盘王节"的相关内容与活动进行阐述,并就"盘王节"对民族地区的和谐社会关系构建进行了深入解析。

## 第一节 瑶族"盘王节"的历史

### 一、"盘王"传说

#### (一)"祭盘瓠"

　　瑶族以"龙犬"盘瓠为图腾。"盘瓠"瑶语称"Bienh hungh",意思"盘王"。瑶族是盘王的后代。

　　相传,古时有个高辛王,为平海外番王作乱,一统天下,张贴皇榜求贤,并答应有能立下大功者,就将三公主许配给立功者。高辛王喂养的龙犬盘瓠揭榜,化作蛟龙,乘风破浪,渡过大海,经过一番斗智斗勇之后,平定番乱,高辛王封盘瓠为王,即盘王,并许以三公主。盘王与公主入山居住,其后代即为瑶族。

盘王与三公主及其子女、部下,在大瑶山中的深山老林中开垦耕种、打猎为生,很快就能自给自足,过上了好日子,并将种出的瓜果贡献给高辛王与王后品尝,高辛王与王后感慨于生而娇贵的外孙、外孙女能自食其力,辛勤劳作,很是欣慰,高辛王赐盘王及其部下们瑶家十二姓,并鼓励其开垦种植,在盘王的带领下,瑶族人的生产生活越来越好。

在瑶族民间中,传说称早期瑶族在深山中过着狩猎的生活,瑶族的始祖盘王每日带领瑶族青年外出狩猎,一日,在追猎一只山羊途中遭受攻击,摔下山崖,于梓树下伤重而终。王妃得知后悲愤下令追杀山羊,最终以此山羊皮和盘王所倚梓树制成长鼓,鼓面覆盖黄泥,在祭典盘王的活动中,其子女击鼓舞蹈,以示告慰。①

### (二)"还盘王愿"

"还盘王愿"的传说,也是在瑶族人民中广泛流传的关于盘王节的起源的重要传说。

传说,很久以前,瑶族人民由北向南迁徙,十二姓瑶人分别乘船漂洋过海,遇上狂风大浪,船在海上漂了七七四十九天,仍然见不到陆地,这时他们的食物也已经告急,还遇到了大风浪,眼看船毁人亡。危急时刻,瑶族人民想到了始祖盘王,于是所有的人都跪拜祈祷盘王能保佑子孙平安,并许愿如果能平安度过此次劫难,一定会举办隆重的仪式来祭祀感谢盘王。许愿之后不一会,大海风平浪静,云开日出,见到了海岸,船很快平安靠岸,瑶族子民得以获救。

瑶族人民渡过海难,上岸到新的栖息地,这天正好是农历十月十六日,恰好又是盘王的生日。上岸后,瑶民举行隆重祭祀盘王的仪式,敲锣打鼓、载歌载舞,庆祝瑶人新生和盘王的生日。

---

① 娄方平.瑶族体育舞蹈长鼓舞的起源传承与社会意义[J].贵州民族研究,2014(11):35.

从此以后,作为盘王子孙的瑶族人民,信守诺言誓约,每年的农历十月十六日都会举行还盘王愿的祭祀礼仪,并每隔几年还一次大愿。

道教传入后,跳盘王发展成道教还愿酬神仪式,称"还盘王愿"。并将农历十月十六日定为"盘王节",每逢盘王节,瑶族举行"还盘王愿"的活动。

## 二、"盘王节"的形成

### (一)"盘王节"的史料记载

在瑶族人心目中,盘王是瑶族人民的救世主,是瑶族文化最初的创造者,他们纪念盘王,是对祖先的一种尊敬与感恩。

古籍《岭表纪蛮》记载:瑶人"每值正朔,家人负狗环兴炉灶三匝,然后举家男女,向狗膜拜。"每隔三五年,瑶族男女老少都会聚集在一起,举行祭拜活动,跳长鼓舞,以娱乐神灵,祈求保佑,希望能趋吉避祸。

《评王券牒》记载:瑶族人民踏歌击长鼓而舞由来已久。

宋人沈辽做《踏盘曲》,诗中咏记:"湘水东西踏盘去,青烟白雾将军树,社中饮酒不要钱,乐神打起长鼓舞。"

元代,《九嶷山志》载:"长腰小鼓合笙簧,黄蜡梳头竹板妆。虞帝祠前歌舞罢,口中犹自唱盘王。"

明代顾炎武著《天下郡国利病书》记载:"衡人赛盘古……今讹为盘鼓……相向而舞"。

盘王祭祀活动历时悠久,发展到现在,已经有几千年的发展历史,逐渐形成了固定的盘王祭祀仪式活动,有约定俗称的内容与形式、时间与期限,表现了瑶族人民的民族信仰。

### (二)"盘王节"及其民俗活动形成

瑶族人是一个懂得感恩的民族,瑶族人民一直生活在非常艰苦的自然环境中,几经迁徙,安定的生活来之不易,因此会在固定的时节举办祭祀活动,感谢祖先为子孙谋下的生产生活基业。

　　早期,"叩槽而号",即边敲击木槽边呼喊,是瑶族人民最早、最简单的祭祀形式。东晋干宝在《晋纪》中仔,瑶人祭祀盘王,"糁杂鱼肉,叩槽而号,以祭盘瓠",《过山榜》记载:"聚集一脉男女,摇动长鼓,吹笙歌,鼓乐。"[①]这一时期,瑶族祭祀盘王的活动内容与形式简单,而且也没有形成固定的节日活动。

　　宋代周去非的《岭外代答》中载述:"瑶人每岁十月,……男女各群,连袂而舞,谓之踏瑶。""踏瑶"即"跳盘王"。

　　明朝时期,随着生产力和社会经济、文化的发展,在汉字传入和宗教影响下,瑶族祭祀盘王的活动规模有所扩大,而且祭祀内容也更加丰富。在有歌有舞的基础上,丰富了各种音乐、乐器,并有傩戏、祈神、传灯、香火传承等活动与仪式,并形成了固定的祭祀活动,这种祭祀活动还有专门的文字记载下来,祭祀中的唱词、唱法有做专门的记录,这就是著名的《盘王大歌》。

　　清代以后,盘瓠祭祀继续完善,最终形成了形式、内容、过程、舞蹈、歌谣等统一固定的完整模式体系。

　　盘王节的祭祀活动中,瑶族师公唱诵《盘王大歌》叙述瑶族的历史,用傩戏等舞蹈形式来表现瑶族祖先的迁徙、还愿、刀耕火种、垦荒农耕,以及各种日常生产生活的情景。

　　瑶族有多个族系,各族系散居,各地瑶族过盘王节的时间并不一致,多在农闲时间举行。近现代以来,虽然瑶族人民的长鼓舞受各种自然和社会因素的影响几经中断,但是一直在民间流传。

　　1984年8月,全国各地瑶族代表汇集广西南宁,经过商榷,一致赞成以"勉"族系跳盘王为基础,发展成为"盘王节",成为瑶族的统一节日,盘王节定为每年农历十月十六日。

　　1985年农历十月十六,全国各地瑶族代表和民间艺人相聚南

---

　　① 谢青.瑶族盘王节的传承与保护[D].中南民族大学硕士论文,2013.

宁,欢度了瑶族第一次全民族盛大节日——盘王节。

1992年,为了发掘、发展地方民族文化,促进地方经济、文化发展,由政府为主办单位,举办了第一届瑶族盘王节,约定此后由各瑶族自治县区政府轮流主办(表9-1)。瑶族盘王节的举办对于宣传与传承我国瑶族民族文化具有重要的促进作用。

2006年5月20日,瑶族盘王节经国务院批准列入第一批国家级非物质文化遗产保护名录。

2014年11月11日,盘王大歌经国务院批准列入第四批国家级非物质文化遗产名录。

表9-1 历届瑶族盘王节

| 届次 | 时间 | 地点 | 名称 |
|---|---|---|---|
| 1 | 1992年 | 广西贺县(现贺州市八步区) | 第一届湘粤桂三省区十县(市)南岭瑶族盘王节 |
| 2 | 1993年 | 广东乳源 | 乳源瑶族自治县30周年县庆暨第二届湘粤桂三省区十县(市)南岭瑶族盘王节 |
| 3 | 1995年 | 湖南江华 | 江华瑶族自治县成立四十周年暨第三届湘粤桂三省区十县(市)南岭瑶族盘王节 |
| 4 | 1998年 | 广西钟山 | 广西钟山县第八届体育运动会暨第四届湘粤桂三省区十县(市)南岭瑶族盘王节 |
| 5 | 2001年 | 广东连南 | 湘粤桂三省区十县(市)南岭瑶族盘王节暨清远市旅游招商经贸洽谈会 |
| 6 | 2002年 | 湖南江永 | 第六届湘粤桂三省区十县(市)南岭瑶族盘王节暨女书国际研讨会 |
| 7 | 2004年 | 广西富川 | 第七届中国南岭瑶族盘王节暨富川脐橙节 |
| 8 | 2006年 | 广东连州 | 第八届中国瑶族盘王节暨第二届连州国际摄影年展 |
| 9 | 2007年 | 广西恭城 | 第九届中国瑶族盘王节暨第五届桂林恭城月柿节 |
| 10 | 2008年 | 广东连山 | 第十届中国瑶族盘王节 |

续表

| 届次 | 时间 | 地点 | 名称 |
|---|---|---|---|
| 11 | 2010 年 | 广东乳源 | 第十一届中国瑶族盘王节 |
| 12 | 2012 年 | 湖南江永 | 第十二届中国瑶族盘王节暨江永首届香柚节 |
| 13 | 2015 年 | 湖南江华 | 江华瑶族自治县成立 60 周年暨第十三届中国瑶族盘王节 |
| 14 | 2017 年 | 广西平桂 | 第十四届中国瑶族盘王节 |
| 15 | 2018 年 | 广西富川 | 第十五届中国瑶族盘王节暨富川脐橙和文化旅游节 |

# 第二节　瑶族"盘王节"的表征形式

## 一、"表征"及"文化表征"

### (一)"表征"词义解析

表征(Representation)是知识在个体心理的反映和存在方式,简单来理解,表征就是可以代替某种事物、过程、活动的一种符号、信号、事物等。

表征,从词源来看,有一个词义的发展过程,在 17 世纪,Representation 是法律和政界用语,是"代表他者"的意思;19 世纪,Representation 用来区别自然主义和现实主义;20 世纪,Representation 成为"具象派艺术"的称谓,20 世纪 50 年代至 60 年代,Representation 完成从"再现"到"表征"的转变。

### (二)"文化表征"理论

20 世纪 60 年代,斯图亚特·霍尔将"表征"用于文化研究领域,完成了"表征"的文化转向,"文化表征"使得"表征"的文化转向达到了顶点。

霍尔在《"表征"——文化表征与意指实践》一书中对"文化表征"理论进行了阐释,"文化表征"理论对于文化的符号再现有如下表述。

(1)表征与意义、语言之间如何联结、沟通、运作。

(2)对狭义语言学的批判。

(3)从罗兰·巴特神话学探讨表征如何从语言转向到文化转向。

(4)通过话语、权利和主体的关系探讨表征如何构成主体。

在文化领域,事物的文化表征是对事物的抽象化、艺术化,是具有文化意义的文化符号,是人们对事物现象及其发展的一种心理概况性认知。这种认知赋予了事物现象及其发展一定的文化意义,是发展与过程的艺术文化表达。

## 二、瑶族文化与"盘王节"的意义结合

### (一)瑶族文化的主体

瑶族文化是在瑶族几千年的发展过程中沉淀下来的具有民族共识的那部分内容,具有民族代表性,这就促进了这部分文化能成为瑶族民族文化代表的可能。

瑶族文化不同于其他民族文化的现象是,瑶族人民有其在特殊地域环境下产生的生产生活方式、民族习惯、民族性格。

瑶族先民们是瑶族文化的创造者,他们通过对大自然与人类社会的不断探索,总结经验、发挥智慧,在瑶山地区开拓瑶族文化。

### (二)瑶族"盘王节"的文化意义解构

瑶族"盘王节"是瑶族文化的重要代表。"盘王节"从产生到在瑶族人民群众间广泛流传,是瑶族人民对自己民族文化的一种

建构过程。

"盘王节"的活动开展是为了祭祀祖先、娱神祈求百姓安康和农业生产的风调雨顺,"盘王"的文化表现构建,是瑶族人民从世世代代所依靠的山林、山石环境中对祖先的生活状态的想象,是一个民族的寻根问祖,这是人类文化的进步的表现。

"盘王"传说以及盘王的精神与瑶族人民的生活地域、生活方式具有高度的一致性,这正表现了"艺术来源于生活而高于生活",在瑶族人民生产生活的不断发展过程中,不断地有新的"盘王"元素加入"盘王"传说中,"盘王"的事迹和精神是值得歌颂的,而同时瑶族人民在生产生活之余需要一些娱乐活动,在这种精神需求下,于是就有了"盘王节"这一节日和活动。

传统节日是"民众生活的重要节点和敬祖、拜神的神圣时间",也是一个文化象征系统,承载着特定人群的生活方式和意义体系,传统节日的发展变迁与生计方式紧密相关。[①]

"盘王节"的出现是对"盘王"的歌颂,也是瑶族人民对自我正确的世界观、价值观的认同与对良好民族性格、民族品格的歌颂。

瑶族"盘王节"文化及其文化活动,满足了瑶族人民群众社会发展进程中的强身健体、娱乐休闲、社会交际、弘扬民族精神的生理和精神需求。

随着社会发展、人口流动、文化交流,包括瑶族"盘王节"在内的各族人民的民族文化也会有新的时代表征。如盘王歌的内容、盘王节的活动内容与形式,会在新时代表现出与时俱进性。

## 三、瑶族"盘王节"的具体文化表征形式

### (一)《盘王大歌》

《盘王大歌》,又称《盘王大歌书》《流乐书下卷》,约八千行。

---

① 冯智明.生计、家屋及节庆文化象征:江永勾蓝瑶洗泥节变迁研究[J].广西民族大学学报(哲学社会科学版),2019(3):151-157.

主要流传在南岭山脉以江华为主的瑶族居住地区。

《盘王大歌》是早期的一部瑶族民间的诗歌总集,始作于原始社会,雏形于晋代,形成于唐宋,成熟于明末清初,现在发现的最早的《盘王大歌》抄本是清朝的。

《盘王大歌》是具有历史意义的瑶族民歌总集,记录了从古至今各个社会时期的瑶族人民的各种唱歌内容、形式、方法,是瑶族人民世世代代祭祀盘王的礼仪活动和日常生产生活中创作的古歌史曲。

《盘王大歌》具有鲜明民族特色的民间文学,它以天马行空的现象和多元化的艺术表达方式再现了先祖们早期生活的艰辛,以及面对艰辛的勇敢的心和排除万难的智慧。经过文献考证,《盘王大歌》讲述了整个瑶族历史上的值得歌颂的民族英雄,塑造了生动鲜明的人物形象,如伏羲、刘王、盘王、唐王、鲁班、刘三、李广等,鼓励当世之人以及子孙后代传承先祖们的优秀的品格和无畏的精神。

《盘王大歌》不仅歌颂美好,也批判丑恶,对于在瑶族生存中欺压百姓、盘剥人民的统治者、恶霸、奸商、贪官、污吏等进行了无情的揭露,同时也对游手好闲、好逸恶劳者进行了讽刺与批判。

总的来说,《盘王大歌》是瑶族人民的民族历史、民族品格、民族价值观等重要民族文化与精神浓缩的精华。

2014年11月11日,《盘王大歌》经国务院批准列入第四批国家级非物质文化遗产名录。《盘王大歌》是瑶族人民历史文化的浓缩和艺术再现,是瑶族历史文化的活化石,对现代人了解瑶族民族历史具有重要的参考价值。

## (二)盘王像

瑶族尊奉盘王为始祖,盘王的形象自然在瑶族人民心目中是高大的,"相由心生"在盘王像的艺术刻画上充分表现出来,盘王身材高大魁梧,面相与瑶族人民面貌特点相似,目光有神,充满智慧,依照瑶族的民族风情特点,盘王服饰装饰上采取朱锦华冠、瑶锦袍服设计,英武荣尊、雍容华贵,颇具王者风范。

　　瑶族各村寨所供奉的盘王,所穿服装为瑶锦袍服,有瑶族刺绣、特色纹花边饰、图画符号。充分彰显了瑶族服饰文化、美术文化。

### （三）盘王印

　　盘王印是瑶族的特殊民族文化符号,在瑶族服饰上十分多见,图案取材于瑶族先民对日月和对祖先的崇拜,是瑶族的一种图腾。

　　盘王印在艺术表现方式上,采用阴阳纹交错组合的形式,主体八角图案象征日月光辉,内含十二角花代表着瑶族的十二姓,中心位置的团,有犬形意向,意寓始祖盘王。整个盘王印的图案非常古朴、精美、内涵丰富(图9-1)。

图 9-1　第十一届中国瑶族盘王节盘王印(谢青摄)①

### （四）祭文

　　盘王节的祭文是在祭祀盘王时,师公所念的祭文,古时瑶族各系开展盘王节时,师公所念的祭文多由各族系的师公口口相传,祭文内容具有浓厚的宗教意义与色彩。

---

① 　谢青. 瑶族盘王节的传承与保护[D].中南民族大学硕士论文,2013.

现阶段,在各瑶族区县轮流举办的盘王节中,祭文充分体现出了社会发展新时期的时代特点,具有积极向上的意义。不同届次中的盘王节的具体祭文内容不同,但基本内容都是描述盘王创世历史,歌颂盘王的丰功伟绩、歌颂祖先的辛劳勇敢,并鼓励和鞭策现世子孙珍惜当前太平盛世、人和政畅,要努力奋斗,始祖垂范,矢志图强。

随着时代发展与变迁,盘王节的祭文也在与时俱进,但无论祭文的具体字词描述如何变化,都表达了瑶族人民感恩祖先,祈求生活越来越美好,表达了对家和业兴、民族团结、国家繁荣昌盛的美好祝愿。

# 第三节　瑶族"盘王节"的活动内容

我国全国范围内的、瑶族人民大集会的瑶族盘王节,在政府牵头领导下,从 1992 年开始举办,至今已经举办了 15 届,盘王节活动的内容与形式基本固定下来。这里重点介绍以下两个重点内容。

## 一、"盘王节"的祭祀活动内容

### (一)盘王祭祀仪程

瑶族盘王祭祀礼仪是盘王节的主体活动,是对瑶族人民历史变迁、宗教信仰、民族风情、思想观念、艺术等的综合表现,目前已经形成较为规范的《盘王祭祀仪程》。

盘王节整个公祭大典庄严、隆重、节俭、安全。

公祭盘王大典活动由盘王节组委会或类似机构负责组织实施,是盘王节活动的重要内容。盘王节开幕式大体分三个阶段。

第一阶段:入场式,约 40 分钟。

第二阶段：公祭盘王大典，约 30 分钟。

第三阶段：大型文艺表演，时间约 80 分钟。

瑶族"盘王节"整个活动仪式流程具体参考表 9-2。

**表 9-2 瑶族"盘王节"祭祀活动流程**

| 主要环节 | 活动内容 |
| --- | --- |
| 入场式 | 介绍领导、嘉宾 |
| | 入场式，各族系方阵亮相 |
| 揭幕仪式 | 宣布开始 |
| | 吹角鸣号 |
| | 领导揭幕、讲话 |
| 祭祀盘王 | 请圣（师公）就位 |
| | 供献三牲、五谷 |
| | 吟唱祭文 |
| | 歌颂盘王，唱《盘王大歌》 |
| | 各区政府供献花篮 |
| | 祭拜盘王 |
| | 各区为盘王献舞 |

**（二）盘王歌**

盘王节的歌唱，主要是师公诵唱，以及《盘王大歌》演唱，盘王歌脍炙人口，记录了从古至今的瑶族人民的历史文化、生产生活，《盘王大歌》是瑶族诗歌总集，因此，它的内容是随着社会的不断发展而不断丰富的，包括创世、狩猎、垦荒、耕田、婚丧嫁娶等非常多的内容，篇幅浩长，有万行之多。

盘王节上的唱盘王歌，主要是选择男女青年，在师公的指导下，选唱其中一段。在唱的过程中，有舞者依歌起舞。

**（三）盘王舞**

盘王舞，又叫"跳盘王"，舞蹈内容丰富，有"盘王舞""兵将舞"

"刀舞"等。

盘王舞以多以鼓为主要伴奏乐器,内容大多是表现瑶族人民生产劳动场景的动作,动作粗犷大方、节奏多变,或跳跃、或旋转、或翻腾,有对跳,有成排跳,也有围圆圈跳。

瑶族"盘王节"的开展,对于瑶族民族文化代表性传承人和其他民间传承人具有重要的保护作用,可以促进瑶族民族文化的传承。其中,对祭祀"盘王"的相关仪式过程、"盘王"历史资料、"盘王歌"等音乐谱例、"跳盘王"等舞蹈技艺、表演程式等都具有文化保护与传承作用。

## 二、"盘王节"的体育、文艺活动内容

"盘王节"是瑶族人民大聚会的日子,各地瑶族代表及艺人欢聚一堂,除祭盘王、唱盘王、跳盘王外,还举办各种丰富多彩的体育和文艺活动,如跳长鼓舞、铜鼓舞、跳花棍,放花炮,唱情歌,会举办各种民族体育活动和文艺活动。

休闲娱乐、文化交流是瑶族"盘王节"活动开展的重要目的,也是这一个民族节日存在的重要基础。瑶族同胞聚集在一起,载歌载舞、交流庆祝,祈福祝愿,这些美好愿望都是体现在实实在在的生活里,瑶族"盘王节"活动将现实与希望融合起来,通过节日情绪的释放、情感的抒发,来展现民族欢乐的情怀。

"盘王节"常开展的体育活动有:民族传统体育活动展、民族体育运动会、舞狮、舞香龙、瑶族顶鼓、高杆投绣球、黄泥鼓舞、竹竿舞等。

"盘王节"常开展的文艺活动有:瑶王宴、瑶王狂欢夜、瑶族民俗及婚礼展演、瑶族文化晚会、摄影比赛等。

此外,各瑶族自治区县还会借助盘王节的举办,举办各种招商会、农产品推介会等。

# 第四节　瑶族"盘王节"对民族地区构建 和谐社会关系的影响

瑶族"盘王节"祭祀活动,旨在"敬我始祖,爱我中华,传承文明,构建和谐,民族团结,促进发展。"从构建地区和谐社会关系的角度来讲,"盘王节"的举办有助于进一步密切瑶族同胞的关系,同时也有助于瑶族文化与其他周边民族的民族文化的交流,可促进各民族的关系和谐。

## 一、密切各地瑶族同胞关系

文化价值就在于人自身的价值,换句话说,就是人的全面、自由、和谐的发展,是人的身心的完美展开和全面实现,是个体人格和社会人格的和谐与统一。

瑶族"盘王节"为人与人的接触、交流、交际提供了文化空间。

在古代,瑶族人民散居在各个地区山林中,交通闭塞,虽同为瑶族,有着共同的民族文化根基,各瑶族支系也都会在农闲举办"盘王节",但各瑶族支系之间缺乏联系,彼此很难有机会聚集在一起寻根问祖、交流民族情感。

现代社会,人口流动频繁、通信发达,但是人与人之间的交流反而更加少了,不仅是民族同胞之间,甚至个人与家庭成员的交流也非常少。究其原因,随着社会生产力水平的不断发展,体力劳动逐渐被脑力劳动所取代,这是生产方式发展和革新的必然趋势。在这一过程中,人们的疲劳也逐渐由生理疲劳转为精神疲劳,对人们的生活方式、身心健康都产生着不良影响。很多人与亲朋好友在一起放松休闲的时间少。

无论是古代还是现代,人作为社会成员,就必须融入社会,人的生产生活都离不开社会交流,长期的生理和情感压抑势必对身心健康发展不利,文化节日、民族节庆的出现,就成为人们的一个重要的放松机会和交流机会。

瑶族"盘王节"的出现正满足了古今人们的上述需求。

瑶族"盘王节"各种民族活动、体育活动、文艺活动的开展,能在一定程度上使得人得到良好的休息,缓解人的精神和心理的紧张,消除人们长期工作和生活所引起的身心亚健康状态,使得个体能得到身心的放松。此外,还能在一定程度上帮助人们克服快节奏的生活所带来的压力和焦躁,使得包括瑶族同胞在内的现代人的生活得到更好的拓展。因此,为了更好地适应生活,个体、集体、民族都可以利用节庆民族文化活动来进行相应的身体锻炼,使心灵放松,以更好地调整生活。

瑶族"盘王节"中,对"盘王"的祭祀,通过仪式的庄重和娱乐的欢快能够凝聚起瑶族同胞向心力,蕴含着齐心努力奋发向上的价值取向,是瑶族"盘王节"社会文化价值的具体体现。

瑶族"盘王节"作为瑶族最大的文化集会,在不同地区的瑶族居住地轮流举办,瑶族"盘王节"有助于我国瑶族人民加深对自己民族文化的高度认同,有助于提高瑶族人民的民族凝聚力和文化自信心,促进瑶族同胞之间的关系更加密切,促进民族团结。

## 二、促进瑶族与其他民族的关系和谐

传播是文化的发展唯一的途径。对体育文化来说,它对于各个国家、地区、民族文化的交流和交融做出了重要贡献,更重要的意义在于,不让其中任何一个文化被另外一种文化同化,使世界范围内的文化保持多样性。

在瑶族"盘王节"活动中,各种体育活动、文艺活动等,都有着民族文化的内容、形式、价值观念、意识等方面的烙印。近年来,在瑶族"盘王节"的连续举办之下,瑶族的民族多样文化快速发展,以其更加丰富的文化内涵吸引着越来越多的人关注瑶族文化、关注瑶族人民在现代社会中的发展。

　　文化的交流和融合往往都能够带来了文化新的发展,并且得到进一步的繁荣。这也是我国各民族文化在长期的历史发展过程中,没有哪一个民族的文化逐渐消失,我国各民族文化呈现出多样性。

　　瑶族"盘王节"不仅是民族文化盛会,而且是瑶族文化的一次高调的社会宣传,在瑶族"盘王节"中,还会开展各种各样的社会文化活动、也包括经济贸易活动,以瑶族"盘王节"的举办为契机,为瑶族人民与其他民族提供了一个深入接触的机会,可以促进彼此的经济、文化、艺术、发展经验的交流,可以实现各民族共同发展、共同繁荣。

# 参考文献

[1]崔乐泉.中国民族传统体育学[M].北京:科学出版社,2019.

[2]李延超.民族体育文化生态:困境与发展[M].北京:人民出版社,2017.

[3]陈丽珠.民族体育文化概论[M].北京:中央民族大学出版社,2017.

[4]王智慧.尚武精神的消逝:社会变迁下的民族传统体育文化记忆与传承[M].北京:北京体育大学出版社,2018.

[5]黄益苏,张东宇,蔡开明.传统体育运动[M].北京:高等教育出版社,2007.

[6]崔乐泉.中国少数民族传统体育[M].贵阳:贵州民族出版社,2011.

[7]武术定义和礼仪研讨会召开 突破体育项目局限性[P].中国武协官网.2009-7-9.

[8]王亚琼,杨庆辞,罗曦娟.民族传统体育学[M].北京:北京师范大学出版社,2013.

[9]张选惠.民族传统体育概论[M].北京:人民体育出版社,2004.

[10]时评:化和谐信念为构建实践[N].人民日报,2007-01-15.

[11]黄益苏,张东宇,蔡开明.传统体育运动[M].北京:高等教育出版社,2007.

[12]王红志.近10年我国少数民族传统体育发展研究评述[J].当代体育科技,2019,9(7):210.

[13]殷鼎,杨建鹏.我国少数民族传统体育政策发展研究[J].体育文化导刊,2017(10):6,39-41.

[14]李繁荣.民族传统体育文化及其传承研究[M].济南:山东大学出版社,2014.

[15]李雪林,蔡龙云.武术,回到百姓中间[N].文汇报,2012-11-13(15).

[16]周开敏.广西壮族自治区民族传统体育跳竹竿的研究[D].北京体育大学硕士论文,2013.

[17]吴忠观.人口科学辞典[M].成都:西南财经大学出版社,1997.

[18]莫再美.广西城市老年人休闲体育行为研究[D].上海体育学院博士论文,2009.

[19]钱茹.从社会学的视角分析广西体育节的价值[D].广西师范学院硕士论文,2013.

[20]杨洪.民族传统体育融入全民健身活动策略研究[J].体育世界(学术版),2018(9):95.

[21]朱敬敬."健康中国"视域下广西民族传统体育与全民健身的契合[J].新西部,2018(3):29-30.

[22]史伟.广西民族体育文化与旅游产业融合发展问题及对策分析[J].中国市场,2017(11):69-70.

[23]杨绍昌,曾华,胡俊.云南民族传统体育在构建和谐边疆中的作用研究[J].青少年体育,2014(9):9.

[24]赵云书.乌江流域少数民族体育文化发展与和谐社会之间的关系探究[J].贵州民族研究,2014(12):225.

[25]孙海兰.发展我国少数民族地区体育事业的问题研究[J].运动,2011(27):148.

[26]李延超.民族体育文化生态困境与发展[M].北京:人民出版社,2017.

[27]陈小蓉,谢翔,王艳琼.中国非物质文化遗产(广西卷)[M].兰州:甘肃教育出版社,2018.

[28]北京市习近平新时代中国特色社会主义思想研究中心.坚定文化自信　提高国家文化软实力[OL].人民日报网,2019-7-4.

[29]陈淑姣.非物质文化遗产概论[M].北京:中国人民大学出版社,2016.

[30]韦丽春.白裤瑶传统体育文化探析[M].南宁:广西民族出版社,2008.

[31]蓝秋云.壮舞瑶韵——舞蹈追梦十六年[M].南宁:广西人民出版社,2013.

[32]王利春.瑶族蚩尤舞体育文化研究[D].广西民族大学硕士论文,2016.

[33]刘志娟.白裤瑶"油锅"组织及其社会功能——以广西南丹县里湖瑶族乡怀里村为例[D].广西民族大学硕士论文,2009.

[34]娄方平.瑶族体育舞蹈长鼓舞的起源传承与社会意义[J].贵州民族研究,2014,35(11).

[35]谢青.瑶族盘王节的传承与保护[D].中南民族大学硕士论文,2013.

[36]冯智明.生计、家屋及节庆文化象征:江永勾蓝瑶洗泥节变迁研究[J].广西民族大学学报(哲学社会科学版),2019(3):151-157.